CITY✷WIJZER

LISSABON

16-6-2001

LISSABON,
DE LIEFLIJKE BOCHT

De Feniciërs noemden de stad *Alis Ubbo* (lieflijke bocht), de Grieken, die dachten dat hij door Odysseus was gesticht, doopten hem *Olisipo*, Julius Caesar gaf hem de eretitel *Felicitas Julia* en de Arabieren hielden van hun *Aschbouna*. Lissabon was geliefd bij alle volkeren die er zich vestigden, zowel om zijn prettige sfeer en milde klimaat als om zijn strategische ligging die gunstig was voor handel en verkeer.

Een weekeinde (ook een lang) is eigenlijk te kort om alle aspecten van Lissabon te leren kennen. Het beste zou zijn om de stad via de Taag binnen te varen, zoals de schrijver Fernando Pessoa aanbeveelt: *'Voor de reiziger die over zee aankomt, verheft Lissabon zich al van verre als een fantastisch droombeeld.'* Lissabon is echter zeer geschikt om te voet te verkennen: doe vooral geen poging alles te zien, maar laat uw voetstappen leiden door het toeval en uw fantasie. Aarzel niet om poortjes open te duwen en een blik te werpen op verholen patio's, kijk eens omhoog naar de met *azulejos* bedekte gevels en beklim de

ndrukwekkende *escadinhas* (trappen). Begoocheld door de vriendelijke sfeer zou u naast de indruk krijgen dat de tijd er heeft stilgestaan. Onder uw voeten vormen de zwarte en witte klinkertjes van de *calçada portuguesa* een vreemd tweekleurig mozaïek dat schittert in de zon. Met zijn talrijke *miradouros* (uitzichttorens) biedt de stad u ongelooflijke vergezichten en verrassende

doorkijkjes. Alles is zo schilderachtig dat het haast niet echt lijkt, denk alleen al aan de versiering met *azulejos* die u overal in de stad tegenkomt. In Lissabon hoeft u alleen naar de geuren van de jasmijn, de geranium, de citroenboom of de jacaranda op te snuiven om de levensstijl van de Portugezen te begrijpen: die duidelijke voorkeur voor terrassen en tuinen. U zult verrukt zijn als u nog een slechte eigenschap van de autochtonen ontdekt: hun snoeplust. Bezoek eens een van de vele banketbakkerijen. Het verorberen van *pasteis* en *bolos* (taartjes) is hier een kunst op zich (met een heel eigen jargon!). Laat u ook de *petiscos* (hors-d'œuvre) niet ontgaan, die bijna net zo belangrijk zijn als de maaltijd

die erop volgt en vergeet natuurlijk vooral niet de *bacalhau* (kabeljauw) zonder welke de Portugese keuken niet zou zijn wat hij nu is. Maak ten slotte ook van uw verblijf gebruik om de Portugese wijn te leren kennen. Lissabon biedt u eindeloos veel mogelijkheden om te winkelen, zonder de chic en de 'glamour' van de etalages in Parijs of Londen. 'Met de hand gemaakt' is nog altijd synoniem aan *made in Portugal*. Dat klinkt misschien wel wat ouderwets, maar als u avontuurlijk bent aangelegd en gevoel hebt voor tradities, zult u niet worden teleurgesteld! Laat u echter niet misleiden door de wat anachronistische sfeer van de stad! Overdag lijkt hij wat slaperig, maar zodra de avond valt verandert Lissabon in een nachtvlinder en al spoedig speelt zich een ware *movida* af in de straatjes van de Bairro Alto en langs de oevers van de Taag. De oude havenwijk *Docas* (dokken) is de buurt geworden waar het nachtleven zich in Lissabon bij voorkeur afspeelt. Plaatselijke

architecten hebben hun vakmanschap gebundeld om dit industriegebied om te toveren tot een populaire uitgaansbuurt voor de trendbewuste jeugd. Aan het eind van de week is het een absolute must om daar gezien te worden. Geef u daarom over aan de nachtelijke ritmen van de *Docas* of Bairro Alto, ga een Kaapverdische kroeg binnen of laat u meeslepen door de

melancholieke klanken van een echte fado.
U bent gewaarschuwd: al sinds de Oudheid ontsnapt geen bezoeker aan de charme van Lissabon en nog minder aan de *saudade*, het verlangen terug te keren! Het is heel gewoon als u nog maar één ding wilt: terugkeren, al was het maar voor een dag.

De reis naar Lissabon

Lissabon is dankzij het milde zeeklimaat het hele jaar door aantrekkelijk. Het is er in de winter nooit echt koud en in de zomer nooit te warm; er heerst in elk seizoen een aangename temperatuur. U wordt er ook nooit geregeerd door de grillen van de oceaan: een buitje waait meestal snel weer over.

DE BESTE TIJD

Juni en december hebben toch een bijzondere aantrekkingskracht. Juni is de tijd van de volksfeesten en ideaal om zowel overdag als 's avonds in de volksbuurten rond te dwalen die dan bruisen van een aanstekelijke levenslust.

December biedt ook enkele voordelen: vanaf het begin van de maand is de stad uitbundig versierd, de winkels zijn op zaterdag en zondag open, de etalages zijn prachtig en u kunt het echte kerstgebak proeven, zoals de *bolo rei* (een zachte brioche met gekonfijte vruchten).

De paasperiode (hier wordt Goede Vrijdag gevierd in plaats van tweede paasdag) en de periode rond 15 augustus zijn minder geschikt, tenzij u rust zoekt: de stad is dan ontvolkt, iedereen is naar de Algarve vertrokken, op de winkels staat *fechado* (gesloten) en dat komt de sfeer niet ten goede.

DE REIS

Voor een weekeinde is het enige aangewezen vervoermiddel natuurlijk het vliegtuig (de trein duurt veel te lang). Van Schiphol-Amsterdam vertrekken dagelijks verschillende vluchten van de KLM en TAP.

GEMIDDELDE TEMPERATUUR IN LISSABON

januari tot maart	17,1 °C
april tot juni	21,8 °C
juli tot september	26,3 °C
oktober tot december	17,2 °C

Air Portugal. Sabena onderhoudt vanuit Brussel een regelmatige dienst op Lissabon. De vlucht vanuit Amsterdam duurt iets langer dan drie uur en vanuit Brusse twee uur en vijftig minuten. De kosten zijn natuurlijk wisselend per seizoen en afhankelijk van allerlei factoren. Informeer daarom goed bij de verschillende maatschappijen. Reisbureaus bieden het hele jaar door interessante kortingen aan door plaatsen in te kopen op de lijndiensten van TAP Air Portugal, maar meestal moet u dan minimaal een week in Portugal blijven (heen- en terugreis op vrijdag). Bepaalde reisbureaus hebben regelmatig goedkope vluchten in de aanbieding. Het is het beste van tevoren bij verschillende adressen te informeren en dan de prijzen te vergelijken.

KLM: reserveringen en reisinformatie:
☎ 020-4747747
(www.klm.nl.holland)

Sabena: reserveringen:
In Nederland:
☎ 020-4701470
Ticketing/luchthaven:
☎ 020-6010078
In België:
☎ 032-27232323

TAP Air Portugal:
In Nederland:
☎ 020-3163999
In België:
☎ 032-2195566

COMBINATIE VLIEGREIS-HOTEL

De beste formule voor een weekeinde is zonder twijfel de combinatie vliegreis+hotel met eventueel een huurauto voor een dag als u Sintra of de kust wilt verkennen. U hoeft zich dan geen zorgen te maken over reserveringen, komt niet voor vervelende verrassingen te staan en de tarieven (waarbij verzekeringen vaak zijn inbegrepen) zijn voordeliger dan als u de reis zelf uitstippelt. Verschillende reisbureaus hebben interessante aanbiedingen. Reken op ongeveer 1500 Hfl (28.000 Bfr) voor twee personen (vliegreis, vervoer van en naar het vliegveld en driesterrenhotel met ontbijt).

FORMALITEITEN

Als u afkomstig bent uit een land dat is aangesloten bij de Europese Unie, zijn een geldige identiteitskaart of een paspoort dat niet langer dan vijf jaar is verlopen alles wat u nodig hebt. Als u twijfelt, wendt u zich dan tot de ambassade van Portugal:
In Nederland:
Bazarstraat 21
2518 AG Den Haag
☎ 070-3630217
In België:
Guldenvlieslaan 55
1060 Brussel
☎ 02-5393850

DOUANE

Portugal is lid van de Europese Unie. Grensformaliteiten behoren tot het verleden. Daar staat tegenover dat belastingvrije aankopen zijn beperkt (zie blz. 85). Het akkoord van Schengen van maart 1995, stimuleert het vrije personenverkeer, u kunt

daarom tot 800 sigaretten of 60 liter wijn of sherry en 5 liter sterke drank uitvoeren. U mag ook fruit of kaas meenemen, mits het voor eigen gebruik is. Er is geen beperking op de hoeveelheid geld die u in Portugal invoert. Als u uw kat of hond op reis meeneemt, moet u een gezondheidsverklaring (minder dan drie maanden oud) kunnen tonen en een inentingsbewijs tegen hondsdolheid.

In Nederland kunt u voor inlichtingen de DouaneTelefoon bellen: ☎ 0800-0143.

VAN HET VLIEG-VELD NAAR HET CENTRUM

Het vliegveld van Lissabon ligt ten noorden van de stad, op ongeveer een half uur afstand (afhankelijk van het verkeer). Het beste vervoermiddel is de taxi.

U herkent de officiële taxi's aan hun kleur (zwartgroen of beige). Overtuig u ervan dat de chauffeur de meter aanzet voor aanvang van de rit.

Taxi's zijn relatief goedkoop (2000 tot 2500$, afhankelijk van het adres van uw hotel, het uur van aankomst en de hoeveelheid bagage). Er zijn ook bussen die tussen het vliegveld en het centrum heen en weer rijden: lijn 44, 45 en 83. Ze zijn belachelijk

goedkoop, maar de rit duurt veel langer (30 tot 45 minuten).

Een Expressbus (lijn 90) verbindt het vliegveld met station Santa Apolonia (vlak bij

Praça do Comercio) en een pendelbus brengt u in een kwartier tijd rechtstreeks naar het nieuwe station Oriente, op twee passen afstand van de Expo'98.

GEZONDHEID

Er is geen enkele vaccinatie vereist om Portugal binnen te komen. U kunt zonder aarzelen water uit de kraan drinken. De grote internationale farmaceutische bedrijven zijn in Portugal vertegenwoordigd en u kunt zonder al te veel moeite de meest gangbare medicijnen krijgen, soms onder dezelfde naam als in Nederland of België. Vraag voor u vertrekt bij uw verzekeringmaatschappij naar een E111-formulier, een document dat wonderen verricht als u tijdens uw verblijf in Lissabon een dokter, ziekenhuis of apotheek moet bezoeken.

FEESTDAGEN EN EVENEMENTEN

Behalve de bekende, traditionele feestdagen (25 december, 1 januari, 1 mei, 15 augustus en 1 november), zijn er nog heel wat andere feesten waarmee u rekening moet houden als u een weekeinde naar Lissabon wilt gaan (op deze dagen zijn banken, winkels en de meeste musea gesloten):

25 april (bevrijdingsdag): grote officiële herdenkingsfeesten en militaire optochten in Lissabon.

10 juni (sterfdag van L. de Camões): nationale feestdag.

5 oktober (dag van de Republiek): officiële manifestaties.

1 en 8 december (dag van de Restauratie en de Onbevlekte Ontvangenis): religieuze processies.
Bij deze data moet u nog Goede Vrijdag en Witte Donderdag voegen, die geen vaste datum hebben. De feesten van de volksheiligen in juni (zie blz. 31) hebben de vorm van folkloristische optochten. Ze spelen zich op straat af, met veel vuurwerk, en ontketenen een grote geestdrift bij de bevolking die erg aanstekelijk werkt!

Houd u rekening met de volgende data:

12 juni:
optocht van de wijken van Lissabon (*marchas populares*) door de Avenida da Liberdade en processie in Alfama achter het beeld van de H. Antonius.

13 juni:
dag van de H. Antonius (feestdag).

23 en 24 juni:
feesten van de H. Johannes.

28 en 29 juni:
feesten van de H. Petrus.

12 en 29 juni:
feest van de zee in Cascais.

Als u een medische behandeling ondergaat, moet u uw recepten niet vergeten. Deze hebt u nodig om uw medicijnen te kunnen kopen. Bel in een noodgeval 115 (brandweer) of 118 (noodapotheek); zie blz. 36.

VERZEKERING

De reisbureaus bieden bijna altijd een bagage- en repatriëringsverzekering aan in hun pakket. Als dat niet zo is, wordt hij u vast en zeker voor een klein bedrag aangeboden. Aarzel niet hem af te sluiten. U moet tenslotte wel reëel zijn en er niet van uitgaan dat u niets overkomt. Als u een vliegticket reserveert en met een creditcard betaalt, kunt u ook profiteren van voordelige bagage- en

INLICHTINGEN VOOR VERTREK

PORTUGEES TOERISTENBUREAU IN BELGIË
Josef II-straat 5
1000 Brussel.
☎ 02-2305250.

PORTUGEES TOERISTENBUREAU IN NEDERLAND
Afdeling Handel en Toerisme van de Portugese ambassade.
Paul Gabriëlstraat 70
2596 VG Den Haag.
☎ 070-3264371.
F 070-3280025.

annuleringsverzekeringen
(informeer bij het bedrijf dat
de creditcard uitgeeft).
Europe Assistance
☎ 01-42060458.

Mondial Assistance
☎ 01-40255204.

ELEKTRICITEIT

De netspanning is dezelfde als
in Nederland en België (220
volt) en de stopcontacten zijn
ook gelijk.

GELD

Tenzij u kiest voor het
allerduurste hotel en alleen
voor restaurants van de eerste
categorie, is het leven in
Lissabon zo duur nog niet.

Een maaltijd in een restaurant van een gemiddelde
prijsklasse (2 of 3) kost u
ongeveer 3000 tot 4000$ per
persoon, in een *tasca* (bistro)
bent u zelden meer kwijt dan
2000 tot 2500$, en nog
minder als u halve porties
(*meia dose*) bestelt. Een buskaartje kost 75$, toegang tot
een museum 100 tot 500$,
een kaartje voor een concert
1500 tot 5000$, een fado-
voorstelling (inclusief diner)
tussen 3500 en 7000$ en
toegang tot een discotheek
ongeveer 8000$. Reken
boven de vliegreis en het
hotel (moeilijk te schatten,
want afhankelijk van de
gekozen prijsklasse), op
ongeveer 250-400 Hfl (4500-
7500 Bfr) die u in de stad
uitgeeft.

Er is geen gebrek aan
verlokkingen voor mensen
die van kunstnijverheid en
souvenirs houden (*azulejos*,
meedijzeren voorwerpen,

tafellinnen en geborduurde
servetten), voor liefhebbers
van lederwaren (voor prijzen
die elke concurrentie tarten),
of van goede wijn, port of
madeira. U zult merken dat
alles relatief goedkoop is.
Reserveer toch maar een
speciaal budget voor souvenirs
(ongeveer 75 Hfl, 1400 Bfr).
De plaatselijke munt is de
escudo ($). 1000$ is ongeveer
11,00 Hfl of 200 Bfr waard. U
kunt wat geld wisselen voor
uw vertrek, maar op het
vliegveld treft u alle mogelijke
faciliteiten aan, waaronder
geldwisselautomaten.

U kunt met uw giromaatpas
overal in Lissabon escudos
opnemen, wat natuurlijk de
beste en de handigste
oplossing is.

PLAATSELIJKE TIJD

Er is een uur tijdsverschil
tussen Nederland en België en
Portugal: als het bij ons 12.00
uur is, is het 11.00 uur in
Lissabon; bij aankomst zult u
tot uw verrassing merken dat
u een uur hebt gewonnen. Op
een weekeinde is dat mooi
meegenomen.

EEN KOFFER MET EEN WEKKER...

De koffer is een
belangrijk punt als u
een weekeinde in Lissabon
gaat doorbrengen...
Alle weersomstandigheden
(nou ja) zijn mogelijk, welk
seizoen het ook is: het weer
is onvoorspelbaar. In de
winter loopt u op mooie
dagen goed voor gek met uw
warme mantel en dikke
truien. In de zomer hebt u
's avonds echter soms een
windjack nodig, terwijl u
's middags nog zeer licht
gekleed was. In elk seizoen
moet u altijd rekening
houden met een schip met
zure appelen dat buien
brengt die niet lang duren,
maar waar u wel behoorlijk
nat van wordt!

Wat moet u nu eigenlijk in
uw koffer stoppen?
Een goede regenjas (gevoerd
tussen november en maart,
van april tot oktober een
dun windjack).

Een paraplu (als u hem
vergeet, kunt u hem ter
plaatse wel kopen).

Een vest, trui of sweater die
u steeds bij u moet hebben
('s zomers als u 's avonds de
deur uitgaat en in de winter
ook bij een bezoek aan een
restaurant of een museum,
want omdat het hier nooit
echt koud is, zijn bepaalde
etablissementen niet of
nauwelijks verwarmd!).

Prettig zittende schoenen
met antislipzolen (de wegen
in het centrum stijgen en
dalen voortdurend en de
klinkerstraten kunnen
glibberig zijn).

Lichte, aanpasbare kleding
in de zomer (het weer kan
op één dag verschillende
malen omslaan).

Badkleding als u het
fijne zand in de omgeving
van Lissabon wilt
proberen en wilt pootje
baden in de Atlantische
Oceaan.

DE GOUDEN EEUW EN DE ONTDEKKINGSREIZEN

D e expedities naar de Nieuwe Wereld in de 15de eeuw luidden het begin in van een periode van welvaart. Lissabon richtte zich meer en meer op de Taag en kreeg een nieuwe rol als centrum van de wereldhandel.

Vasco da Gama

HENDRIK DE ZEEVAARDER: EEN BEKWAME SPONSOR

De infante Hendrik, de man achter de ontdekkingsreizen, heeft in werkelijkheid nooit de zeeën bevaren. Hij was oom en adviseur van koning Afonso V (1438-1481), stichtte de eerste Portugese zeevaartschool en overtuigde de adel om hun geld te steken in de opkomende zeevaart. Hij droeg bij aan het ontwerp van de karveel en aan het perfectioneren van navigatietechnieken en cartografie. Met zijn rijkdom en de gelden van de Christusorde waarvan hij bestuurder was, zorgde hij voor de financiering en de organisatie van de expedities.

DE ONTDEKKING VAN DE WERELD

Het duurde niet lang of Lissabon, dat in een uithoek van Europa lag, werd dankzij de zeevaarders het centrum van een uitgestrekt rijk waarvan de grenzen overeenkwamen met die van de wereldbol. Na de kolonisatie van Madeira, de Azoren en de verkenning van de kust van Afrika, rondde Bartolomeu Dias Kaap de Goede Hoop (1487) en bereidde zo de reis voor van Vasco da Gama naar India (1498-1499). In 1500 ontdekte Pedro Alvares Cabral, die aan het hoofd stond van een vloot op weg naar India, als gevolg van een navigatiefout Brazilië. Kort daarna slaagde de Portugees Fernão de Magalhães, die voor Karel V voer, er als eerste in rond de wereld te varen, een revolutie in alle betekenissen van het woord, omdat nu onomstotelijk was aangetoond dat de aarde rond was.

EEN EEUW VAN GROTE WELVAART

Door de toestroom van goederen kwam de handel tot bloei (suiker, verfstoffen, specerijen en kostbare houtsoorten) en werd er een gouden munt uitgegeven: cruzado. Lissabon groeide, de oevers van de Taag werden opgehoogd om er tolkantoren, pakhuizen en een arsenaal op te bouwen. De stedelijke groei was indrukwekkend: paleizen, gasthuizen en woonhuizen van vier of vijf verdiepingen; boven woonden de rijke kooplieden, beneden zaten de best bevoorrade winkels van Europa. Lissabon werd het centrum van de cartografie en de vervaardiging van navigatie-instrumenten.

DE MANUELSTIJL: GETUIGENIS VAN DE ONTDEKKINGS-REIZEN

Tijdens de regering van Manuel I (1495-1521) werd de vaart op India en Brazilië mogelijk. De koning trok talenten uit heel Europa aan en stimuleerde vele vormen van kunst: verluchtingskunst, schilderkunst, edelsmeedkunst, beeldhouwkunst. De Manuel-stijl wordt gekenmerkt door maritieme symbolen: armilla-rium en het kruis van de Christusorde, touw, ankers, schelpen, wier en exotische dieren. Deze motieven zijn

CAMÕES: DE DICHTER VAN DE GOUDEN EEUW

In *Os Lusíadas*, het gedicht bij uitstek over de ontdek-kingsreizen, doet Camões verslag van de reis van Vasco da Gama naar India, waar hij zelf getuige van was:

'Ik bevond me met de loodsen op het zandstrand,
en om te ontdekken waar we waren, begon ik
de hoogte van de zon te meten en de afstand
met het kompas af te zetten op de kaart van het heelal.'
Luís Vaz de Camões, *Os Lusíadas*.

vooral terug te vinden in de architectuur, zoals het klooster van de Jerónimos (zie blz. 48).

CONCURRENTIE MET SPANJE

In de wedren om de nieuw ontdekte wereld streed Portu-gal met Spanje en algauw werden er grenzen getrokken om de gebieden af te palen. De paus werd tot scheidsrechter benoemd en in 1494 werd het verdrag van Tordesillas onder-tekend. Alle grond ten oosten van een lijn op 370 mijl van de Kaapverdische Eilanden zou

Portugees zijn: zo komt het dat heel Afrika, maar ook Brazilië (dat nog niet eens was ont-dekt) aan Portugal behoorden. Aan de andere kant van deze lijn zouden de te ontdekken gebieden onder de soeverei-niteit van Spanje vallen.

DE ONVERMIJDE-LIJKE NEERGANG

Portugal stond aan het hoofd van een handel die de wereld omspande, maar werd door de feiten ingehaald. Het lukte de bevolking al spoedig niet meer om gouverneurs, soldaten, zeelieden en kolonisten te leveren om de veroverde gebieden te besturen. Eind 16de eeuw markeerden het faillisement van de *Casa das Indias* (Nationale Handels-

compagnie) en de mislukte kruistocht van de jonge koning Sebastião tegen de moren het einde van het rijk. Spanje profiteerde en annexeerde zijn rivaal gedurende 80 jaar.

BELVEDÈRES EN KABELTRAMS: LISSABON VANUIT DE LUCHT

Het is geen sinecure om in Lissabon de weg te vinden. Gelukkig zijn er heuvels met uitkijkpunten, trams met pittoreske routes en kabeltrams die schijnbaar onmogelijke hellingen nemen.

DE STAD MET DE ZEVEN HEUVELS

'Op zeven heuvels, die ook uitzichtpunten zijn vanwaar men schitterende vergezichten kan bewonderen, ligt de verzameling huizen die samen Lissabon vormen, onregelmatig en kleurrijk, verspreid. Aan de reiziger die over zee aankomt, verschijnt Lissabon, zelfs van verre, als een fantastisch droombeeld dat zich aftekent tegen de helderblauwe hemel die de zon met zijn gouden stralen verwarmt. De koepels, monumenten en oude kastelen steken uit boven de huizen.'
Fernando Pessoa, *Lisboa*.

MET DE TRAM

Op 31 augustus 1901 werd een nieuw openbaar vervoermiddel in gebruik genomen, de elektrische tram. Om 6.00 uur begon de eerste *eléctrico* van Lissabon, die nog maar net de fabriek in Philadelphia had verlaten, aan zijn traject Cais do Sodré-Algès. Vanaf dat moment rijden er *eléctricos* in de steile straten van de stad. Ze zijn nauwelijks veranderd, behalve dat ze met steeds meer reclames zijn beplakt. Neem eens een van deze schommelende trams, 28 of 25 bijvoorbeeld. Het is de beste manier om de stad te verkennen. Als u wilt zitten, moet u van het beginpunt vertrekken *(28: Cemitério dos Prazeres, 25: Praça da Estrela)* en natuurlijk de spitsuren mijden (8.30-9.30 en 16.30-18.30 uur). Vergeet niet ook naar de bestuurder te kijken, die een fraaie aanblik biedt, vooral als hij uitstapt om met de hand een wissel te verzetten.

ONMISBARE KABELTRAMS

Sommige trappen blijven maar stijgen (en gaan gek genoeg nooit omlaag!), zoals de schier eindeloze *caracol* die naar de *miradouro* van Graça leidt. De zwartwit geplaveide straatjes zijn een ware hel voor wandelaars op hoge hakken of met leren zolen! Kortom, het zou onmogelijk zijn door Lissabon te lopen zonder gebruik te maken van de kabeltrams, echte tandradbanen die u van heuvel naar heuvel vervoeren.

ELK HEEFT ZIJN EIGEN CHARME

De handigste is de **Elevador da Glória**. U kunt hem niet missen en hij brengt u overdag en 's avonds van de Avenida da Liberdade naar Bairro Alto, tot op twee stappen van de *miradouro* van S. Pedro de Alcântara.

Men verliest zich algauw in een weemoedige dagdromerij. Bepaalde plekken zijn daar bijzonder geschikt voor, zoals de *miradouros* van Graça, Nossa Senhora do Monte, Santa Luzia, Castelo, S. Pedro de Alcântara, Santa Caterina en het museum voor Arte Antigua, om maar niet te spreken van de uitzichtpunten die u zelf ontdekt, boven aan een trap, op een kerkje of een poort. U zult zien, ook u zult door de *saudade* worden meegesleept.

De mooiste is de **Elevador da Lavra**. Bijna tegengesteld aan de net genoemde vertrekt hij van de Rua das Portas de S. Antão en klimt en klimt tot hij... nergens aankomt. Maar wat een uitzicht! Neem een retour of zorg ervoor dat u slipvaste zolen onder uw schoenen hebt!

De geheimzinnigste is de **Elevador da Bica**. Hij staat in de schaduw van een duistere poort in de Rua da Boa Vista en brengt u van Cais do Sodré naar het hart van de wijk Santa Caterina, niet ver van de gelijknamige *miradouro*.

ONTELBARE MIRADOUROS

Lissabon is een stad van *miradouros* (belvedères of uitzichttorens). Hier komen vrienden een kaartje leggen, kinderen proberen er hun nieuwe fiets en geliefden staren er hand in hand naar de horizon. De *saudade* (zie blz. 21) is er nooit ver; men ziet de stad aan zijn voeten liggen, iets verderop de rivier en aan de horizon weet men de oceaan en droomt men van Amerika.

DE *ELÉCTRICO DE TURISMO*

Carris, het bedrijf dat het openbaar vervoer in Lissabon regelt, organiseert rondritten met gids door de stad in een sympathieke roodgouden *eléctrico de turismo* met prettig zittende banken. De prijs van zo'n rondrit is aan de hoge kant, als u bedenkt dat het ook mogelijk is om vrijwel exact dezelfde route te rijden met een gewone tram (28, 25 of 15), maar dan krijgt u natuurlijk geen uitleg in het Engels en ook niet zoveel comfort.

Eléctrico de turismo. Carris, Praça do Commercio, ☎ 3639343, vertrek dag. 11.30, 14.30, 15.30, 16.30 uur. Prijzen: 2800$ (volwassenen), 1500$ (kinderen).

DE AZULEJOS

Tot de 16de eeuw importeerden de Portugezen aardewerk tegels uit Spanje. Ze werden in Sevilla gemaakt door moorse ambachtslieden. Door de komst van Italiaanse kunstenaars naar Lissabon rond 1550 ontstond de geëmailleerde aardewerk tegel: de Portugese *azulejo* had een veelbelovende toekomst voor de boeg!

EEN OVERAL ZICHTBARE DECORATIE

In 1580 viel Portugal onder de heerschappij van Spanje; het hof en de bijbehorende kunstenaars zaten in Madrid. In Portugal was geen kapitaal en alleen de Kerk was afnemer.

De *azulejo*, goedkoop en gemakkelijk te onderhouden, kwam in de plaats van schilderijen, tapijten, beelden en basreliëfs, die men zich niet meer kon veroorloven. Vervolgens kreeg men de smaak te pakken en begon kerken, gasthuizen, paleizen en villa's ermee te bedekken. De *azulejo* verscheen op terrassen in tuinen en op gevels. Nu is hij nog altijd de favoriete decoratie in Portugal.

WOORDEN OM HEM TE BENOEMEN

Azulejos komt van het Perzische *Az-zulaïj*, wat

'gepolijste steen' betekent. Spreek het uit als 'azoelezjoes' met de 'zj' als in Jules (de Portugezen hechten daar veel waarde aan!).

Figura avulsa: losstaand motief, vaak simplistisch, het werk van een leerling.
Padrão: een motief dat over vier azulejos (of 16 of 32) wordt verdeeld en zich eindeloos herhaalt.
Painel (mv. *painéis*) of puzzel: verschillende tegels die samen een schilderij vormen.
Registros: medaillons van heiligen die boven deuren worden aangebracht.

NOG NET ALS IN DE 16DE EEUW

Men gaat nog altijd uit van een ondergrond van klei, als tegel gebakken op 850-1000°, die wordt overdekt met ruwe email. Het motief wordt aangebracht met grafiet en verf met metaaloxide met behulp van penselen van haren uit runderoren. Het motief mag niet met de handen worden aangeraakt. Voor het bakken is het blauw (kobalt) vaak paars

KLEUREN EN MOTIEVEN DOOR DE EEUWEN HEEN

16de en begin 17de eeuw: polychroom, figuratief.
17de eeuw: blauw en geel, geometrisch, herhaling van de *padrão*.
Eind 17de, begin 18de eeuw: blauw en wit, *figura avulsa* (bloemen, vogels) en *painéis* waarop hoftaferelen, jachttaferelen, hoofse feesten en heiligenlevens staan afgebeeld.
Eind 18de en 19de eeuw: polychroom, *registros* en *painéis* (waarop genrestukken werden afgebeeld, scènes uit het dagelijks leven en de handel).
20ste eeuw: polychroom, moderne, abstracte motieven.

en het groen (koper) grijsachtig, alleen het geel (antimoon) en het bruin (mangaan) zijn

herkenbaar. De puzzels worden op grote schildersezels geschilderd en als ze klaar zijn uit elkaar gehaald, genummerd en tegel voor tegel op platen in de oven gelegd. Alle *azulejos* worden zeer heet gebakken (tussen 980 en 1020°).

AZULEJOS HERKENNEN

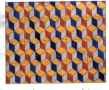

De waarde van een *azulejo* (en daarmee de prijs) hangt af van zowel de ondergrond als het motief. De ondergrond is industrieel als hij machinaal in een vorm is gegoten, gesneden en geëmailleerd, en handmatig als deze bewerkingen met de hand zijn uitgevoerd. Meestal worden industriële tegels automatisch bedrukt (grote oppervlakken) of met sjablonen (de randen), maar ze zijn soms ook met de hand beschilderd (de decoraties zelf). Handmatige of semi-handmatige tegels zijn altijd met de hand beschilderd. Alle combinaties van technieken en ondergronden zijn mogelijk. Om ze te

herkennen, moet u op het uiterlijk afgaan:
Motief en techniek: bekijk de tekening en de kleuren. Een met de hand beschilderde tegel zal nooit perfect zijn; dat is nu juist zijn charme!
Handmatige en semi-handmatige tegels hebben een roze of gele onregelmatige ondergrond en een dikte van 7-9 mm. Industriële tegels hebben een witte of crèmekleurige gladde ondergrond van 5-6 mm dik.

TOEPASSING VAN *AZULEJOS*

Wat kunt u ermee doen? Van oudsher worden ze toegepast op muren en vloeren in badkamers en keukens, maar ook in de woonkamer op tafels, als schilderij of gebruiksvoorwerp. Standaard afmetingen zijn 14 x 14 cm of 15 x 15 cm en voor randtegels 7,5 x 5 en 5 x 5 cm. Men kan ze afwerken met randen van gelakt of geschilderd hout of van kurk

GOED ADRES

De bekende antiquair **Solar** heeft een unieke collectie *azulejos* uit de 16de, 17de en 18de eeuw voor alle smaken en alle beurzen: *figura avulsa* (5000$ per stuk), blauwgele randtegels (8000$ per stuk), *painéis* in alle maten (tot 600.000$ voor een 17de-eeuwse puzzel, 1 x 1,50 m; in elkaar gezet). Als u niets wilt kopen, is de winkel ook mooi om alleen rond te kijken.
Solar, Rua Dom Pedro V 68-70. ☎ 3465522. Ma.-vr. 10.00-19.00 uur.

(bijvoorbeeld als lijsten, dienbladen, onderzetters, schilderijen), van smeedijzer (tafels) of op een basis van acryl (8 mm dik) om aan de muur te hangen of op een voetstuk te zetten. Ze worden aan muren en vloeren gehecht met cementlijm, aan acryl met siliconenlijm en aan objecten en in lijsten met houtlijm.

PALEIZEN EN TUINEN: EEN EIGEN LEVENSSTIJL

De Lissabonner houdt van de natuur. Hij omringt zich met tuinen, die variëren van een eenvoudig balkon tot schitterende parken vol *azulejos* of een piepklein binnenplaatsje. Er zijn nog veel geheime tuinen in de stad die u tijdens een wandeling bij toeval ontdekt, maar ook enkele *quintas* en paleizen die een omweg waard zijn.

TUINKUNST

Als u in de lente door Lissabon wandelt, waant u zich op het platteland. Uw zintuigen worden gestreeld door de geuren van jasmijn en sinaasappelbomen, kleuren van jacaranda's, bougainvilles en geraniums.
In Lissabon zitten overal kleine tuintjes verborgen, u moet ze alleen weten te vinden! Tuintjes achter hoge muren in Lapa of door onkruid overwoekerde tuintjes in het hart van Bairro Alto of op het balkon ingerichte tuintjes in Alfama. Zelfs tussen de straatstenen groeien soms brandnetels!

RETIROS...

Vroeger was de stad omringd door *retiros* en *quintas*. Deze woorden zijn vrijwel onvertaalbaar, maar geven goed de typisch Portugese levensstijl weer. Met *retiros* worden de villa's in de buurt van de stad bedoeld, die voldoende afgelegen zijn om rust te bieden. Daar trok men zich, ver van onbescheiden blikken, terug om feest te vieren of een amoureus avontuur te beleven. Tegenwoordig zijn de meeste van deze huizen door de stad opgeslokt. Er is er nog maar één over: het Palácio Pimenta, dat als museum is ingericht.

...EN QUINTAS

Quintas zijn grote landhuizen met uitgestrekte landerijen. Het zijn echte villa's met pleziertuinen naast de landbouwgronden en ze lijken

nog eerder op kleine paleisjes dan op boerderijen. De adellijke families kwamen er de zomer doorbrengen om de hitte van de stad te ontvluchten. In de omgeving van Lissabon wemelt het van deze alleraardigste buitenverblijven.

Gelukkig zijn enkele van deze paleisjes tot congrescentrum verbouwd, waar 's zomers muziekfestivals worden georganiseerd (met name in de omgeving van Sintra) of omgetoverd tot echte musea (Palácio Fronteira). Aarzel niet om eens een toegangshek open te duwen: u licht dan een tipje van de sluier op van de geheime levensstijl van Portugal.

QUINTA DO MARQUÊS DE FRONTEIRA***
☎ 7784599.

**Dag. beh. zon- en feestdagen, bezoek 11.00 uur.
Niet gratis.**

Deze *quinta* in het park van Monsanto is een van de mooiste van Portugal en gemakkelijk te bezoeken tijdens een kort bezoek aan Lissabon. De wandeling door het park dankt zijn charme aan de buitengewone collectie *azulejos*. Bezoek de Galerie van de Koningen, het *casa do fresco* en het grote terras en vergeet niet het paleis van binnen te bekijken, met de schitterende Zaal van de Veldslagen, die bekleed is met *azulejos* die de overwinningen van Portugal op Spanje illustreren. De *quinta* wordt nog bewoond door afstammelingen van de stichter en het aantal openstellingen en de openingstijden wisselen wel eens. Bel daarom van tevoren om te vragen wat er te bezichtigen is (tuin, paleis of beide) en op welke tijd u aanwezig moet zijn.

PALÁCIO PIMENTA**
**Museu da Cidade.
Campo Grande 245.**
☎ 7591617.

**Di-zo, 10.00-13.00 uur, 14.00-17.00, ma gesloten.
Niet gratis.**

Grijp uw kans om dit magnifieke, 18de-eeuwse paleis te bezoeken, een voormalige koninklijke *retiro*,

waarvan de tuinen, ondanks het oprukken van de stad, bewaard zijn gebleven. Er is een interessante tentoonstelling te zien over de geschiedenis van Lissabon. Bekijk in het paleis de keuken en de trappen die volledig met wit-blauwe *azulejos* zijn bedekt en de 18de-eeuwse inrichting (meubels, porselein). In de

eetkamer lijkt het leven tot stilstand te zijn gekomen terwijl men op gasten wachtte. Jammer genoeg zijn de tuinen en de indrukwekkende pauwen alleen door het hek te bewonderen. Aan de hand van de uitgestalde restanten kan men de ontwikkeling van de stad reconstrueren tot aan de Romeinse tijd, toen de Praça da Figueira een necropolis was en Lissabon van Julius Caesar de eretitel *Felicita Julia* kreeg. Alles is duidelijk geïllustreerd. Een reusachtige maquette geeft een idee van de welvaart van de stad vóór de aardbeving van 1755.

GELUKBRENGEND BASILICUM

De wergbasilicum wordt niet gegeten: het is het gelukbrengende plantje van de Heilige Antonius. Men biedt het rond 13 juni in een met een papieren bloem versierde pot als geschenk aan aan zijn of haar geliefde, met een gedichtje erbij dat de hoop op eeuwige trouw verwoordt. Volkswijsheid schrijft voor nooit met de neus aan basilicum te ruiken, anders verwelkt de plant. Men moet de bladeren strelen met de handpalm en deze dan naar de neus brengen. Zeg nooit tegen Lissabonners dat u basilicum door de sla doet. Voor hen is dat niet minder dan heiligschennis.

KUNSTNIJVERHEID

De traditie van met de hand gemaakte artikelen bestaat nog steeds in Portugal, tot voordeel van de toerist die op zoek is naar authentieke souvenirs. De regionale kunstnijverheid is een van de bloeiendste van Europa en misschien wel een van de weinige die zijn oorspronkelijkheid en tradities heeft weten te bewaren. Hoe lang nog?

KERAMIEK

In veel streken worden nog volop serviezen en siervoorwerpen van keramiek gemaakt die zich onderscheiden door zeer verschillende kenmerken. Om te zorgen dat u zich geen olifant in een porseleinwinkel voelt, geven we u hier enkele tips:

Serviezen uit Alcobaça: zonder twijfel de modernste serviezen, met hun gebloemde of abstracte motieven en felle kleuren (groen, blauw en geel) en ook de betaalbaarste (ongeveer 1000$ voor een bord)..

Keramiek uit Caldas das Rainha: beroemd dankzij Rafael Bordalo Pinheiro wiens originaliteit werd beloond met een gouden medaille op de Wereldtentoonstelling in Parijs in 1889. Barok of kitsch, zo u wilt: groteske figuren en voorwerpen met vruchten en bloemen in reliëf.

Aardewerk uit Coïmbra: een van de oudste productiecentra van keramiek in Portugal. De stijl is klassiek (lijkt op aardewerk uit Rouen). Nogal duur.

Keramiek uit de Alentejo: bloemmotieven in blauw, groen of meer kleuren op een ongekleurde ondergrond, ovenbestendige borden en schalen (Viana do Alentejo) en sierobjecten (beeldjes uit Estremoz).

Hanen uit Barcelos: het embleem van Portugal, in zwart met felle kleuren beschilderd, in alle maten, als sleutelhanger of kurkentrekker: de haan is als souvenir onvermijdelijk.

BORDUURWERK

De *bordados* (borduurwerken) uit Madeira zijn gemakkelijk mee te nemen en tijdloos. Ze behouden hun waarde, al zijn ze soms wel erg prijzig. De borduurkunst ontwikkelde zich eind vorige eeuw op Madeira op instigatie van een Engelse. Het was algauw een bloeiende industrie die in heel Europa bekend werd. Tegenwoordig gebruikt men linnen, zijde, katoen en organdie als ondergrond. De steken variëren afhankelijk van de stof en het motief. De patronen bestaan uit ontelbare kleine steekjes, *caseados* voor de randen, *Richelieu* of *bastidos* voor reliëfs en *estrelas, ilhas* of *folhas* voor de motieven.

Ook nu nog werken de borduursters thuis voor de fabrieken die hen de stoffen leveren, waarop de motieven al zijn voorgedrukt. Als het klaar is, wordt het werkstuk gewassen, gestreken en gekeurd door het *Instituut voor kunstnijverheid van Madeira*, die er een loden zegel en een garantiecertificaat aan hecht. Dit onmisbare bewijs van echtheid verklaart meteen de prijs van het door u uitgekozen tafellaken (3000 tot 12.000$, afhankelijk van de grootte).

WITGOED

In het noorden, in Viana do Castelo, zijn de rijke borduurpatronen van de traditionele kostuums overgebracht op tafellakens en servetten. Op gekleurd katoen (blauw, groen, rood) gebruikt men een witte draad, op wit of ecru

katoen een gele of blauwe draad. De motieven bestaan uit bloemen of geometrische patronen (reken 15.000$ voor een tafellaken van 1.20 x 1.20 m met zes servetten). In Torres Novas (op minder dan 100 km van Lissabon) maakt men het beroemdste *turcos* (badstof) van het land. Handdoeken dragen het merk *Companhia de Torres Novas* en voelen heel soepel en zacht aan. Keur ze met uw ogen dicht: herenbadjas (5800$), handdoekenset (1 badlaken, 2 handdoeken): 6500$.

ADRESSEN

Keramiek en kunstnijverheid uit verschillende streken:
Santos Oficios, R. Madalena 87 (Castelo). ☎ 8872031.
Mercearia Liberdade, Av. da Liberdade 207. ☎ 3547046.
Serviezen uit Alcobaça:
Printemps, Rua do Carmo (Chiado). **A Zé**, Rua das Padarias 13 (Sintra) of op de **markten van Carcavelos** of **S. Pedro de Sintra** (zie blz. 67).
Borduurwerk van Madeira:
Madeira House,
Rua Augusta
131-135.
☎ 3426813.
En ook
Os Vilões, Rua
Bartolomeu
Gusmão 15-17.
☎ 877873.
Geopend dag.
9.00-19.00 uur.
Badstof artikelen:
O Bragal,
Winkelcentrum
Ibersil, Loja 46.
Av. da Liberdade 38.
☎ 3425178.

FADO, DE ZIEL VAN PORTUGAL

U hebt vast wel eens gehoord van de *fado*, het melancholieke gezang vol heimwee dat de *saudade* in de ziel van Portugal toonzet. Als u in Lissabon bent, moet u niet aarzelen een fado-avond te bezoeken. Of de zangers nu beroeps of amateurs zijn, de *fado* zal u in geen geval koud laten.

EEN AFRIKAANSE OORSPRONG

De meningen over de oorsprong van de *fado* lopen uiteen. Sommigen beweren dat de gezangen op schepen zijn ontstaan en de nostalgie van de matrozen weergeven die, na maandenlang op zee te hebben doorgebracht, droomden van hun thuiskomst. De melodieën kunnen ook uit Brazilië of Afrika afkomstig zijn. Hoe dit ook zij, de *fado* maakte in de 18de eeuw zijn opwachting in Lissabon als een zeer sensuele dans geïnspireerd op de Afrikaanse buikdans. Hij veranderde geleidelijk in een gezang, begeleid door gitaarmuziek. Tegenwoordig vindt men dezelfde accenten in de Kaapverdische *morna*, gezongen door Cesaria Evora.

VAN HET VOLK EN VAN LISSABON

Voor de Lissabonner is de 'enige echte' *fado* die van Lissabon, een straatlied dat weinig te maken heeft met de *fado* uit Coimbra, die intellectueel en geëngageerd is en door studenten wordt gezongen.

Mannen en vrouwen uit de volksbuurten verzamelen zich in de tavernes en worden voor één avond zangers die de schoonheid van hun stad bezingen, de kwellingen van de liefde, de armoede of de eenzame verbanning in een ver land.

DROEFGEESTIG DECOR

De *fadisto* of *fadista* (zanger of zangeres) betreedt het podium geheel in het zwart gekleed. Hij gaat rechtop staan tussen de musici, met opgeheven hoofd en afwezige blik. Hij is klaar. De twee *guitarras*, echt Portugese twaalfsnarige instrumenten, brengen een wat metalig geluid voort die het gehele lied begeleiden als langgerekte snikken. Gelukkig zijn de *violas* (Spaanse gitaren) er nog die voor enkele hoopvolle tonen kunnen zorgen.

FADO ZUS…

Pas op, er is *fado* en *fado*! Als u kiest voor de typische restaurant-fado of de deftige fado, dineert u bij gedempt licht, terwijl u naar verschillende

artiesten luistert. Deze gelegenheden zijn duur en toeristisch en u moet een goede keuze maken om waar voor uw geld te krijgen: een goede voorstelling met professionele zangers en lekker eten. Dat is het geval bij **Sr. Vinho** in de wijk Lapa, waar de beroemde *fadista* Maria da Fé zingt, die u aan het eind van de avond zult horen, of bij **la Parrerinha** in Alfama, waar haar net zo beroemde rivale Argentina Santos optreedt (zie de adressen op blz. 124).

A ls u legenden zoekt, moet u
het hebben van de grote
hoeveelheid platen van **Amália
Rodrigues**, de koningin van
de fado.
Op het gebied van de moderne
klassiekers zijn **Maria da Fé**
en **Argentina Santos** vaste
waarden.
Om de jongere generatie te
ontdekken die zich heeft laten
inspireren door de fado en de
melodieën heeft gemoder-
niseerd, hebt u ruime keuze:
Madre Deus, de groep van
Teresa Salgueiro, beroemd door
de muziek voor de film van
Wim Wenders, Lisbon Story
(O espirito da paz, Ainda…).
V Imperio: een rijzende ster
die op weg is de plaats van
Madre Deus in te nemen in de
harten van de plaatselijke
critici (Mar de folhas).
Ook de betoverende stemmen
van **Dulce Pontes**
(Caminhos, Lagrimas…),
Misia (Tanto menos tanto
mais), **Amália Muge** (Todos
os dias) of de groep **Frei Fado
d'El Rei**, die wel wat op Madre
Deus lijkt, zijn de moeite waard.

…OF _FADO_ ZO

Als u geen zin hebt in een
professionele uitvoering, moet
u op zoek gaan naar de
authentieke _fado vazio_
(amateur) in Bairro Alto of
Alfama. Ontdek zelf de _tasca_
(bistro) waar u de echte _fado_
hoort, die het hart van het volk
sneller doet kloppen. Het zijn
meestal tentjes van niets die
nauwelijks opvallen, waar de
mensen uit de buurt na een
uur of elf komen zingen. Het
zijn echte liefhebbers,
amateurs in de goede zin van
het woord. Verwacht niet dat u
hier rustig kunt zitten en aan
tafel wordt bediend. Staand,
met een glas _aguardente
velha_ (oude brandewijn) in de
hand, kunt u deze wat trieste
melodieën op hun waarde
schatten.

SAUDADE
EN SEBASTIANISME

Fado komt van het Latijnse
woord _fatum_, lot.

Het lied drukt een gevoel uit
dat lijkt op dat van de blues:
saudade, dat wil zeggen
heimwee naar een gelukkig
verleden, en tegelijkertijd
onmacht ten opzichte van de
tijd die voorbijgaat. De _fado_ is
echter ook doordrongen van
hoop die men put uit een oude
legende: het _Sebastianisme_.
De jonge koning Sebastião zou
niet echt zijn gesneuveld op de
kruistocht tegen de Arabieren
in 1578; op een dag keert hij
terug om zijn land te redden
en in oude roem te herstellen.

OVER SMAKEN EN KENNERS

De Portugese keuken is er een van het land en maakt gebruik van simpele, authentieke ingrediënten. Als u naar huis gaat, kunt u natuurlijk uw tas vullen met vleeswaren uit de Alentejo, *queijo da Serra* of olijfolie, en vergeet dan ook niet wat stokvis erbij te doen.

BACALHAU: MYTHE EN LEGENDE

Bacalhau (kabeljauw), ook wel liefdevol *fiel amigo* (trouwe vriend) genoemd, is de nationale schotel bij uitstek. Er bestaan meer dan 365 recepten voor de bereiding.

Het eten van deze gedroogde vis gaat zeer ver terug in de geschiedenis van het land. Portugal was tenslotte al in de Romeinse tijd beroemd om zijn gezoute vis die in het gehele Rijk werd gegeten. Tegenwoordig wordt de kabeljauw uit IJsland of Noorwegen geïmporteerd, alle scholen in de Noordzee dreigen uit te sterven. Proef daarom snel *bacalhau*, zolang het nog kan!

BACALHAU KOPEN

Bacalhau verkoopt men heel, gedroogd, met vel en graten. De vis van uw keuze moet voor uw ogen in stukken (*a postas*) worden verdeeld met een zaag (elektrisch of niet). U kunt zelf zeggen hoeveel *postas* u wenst. Reken één stuk voor twee personen. De prijs varieert per kilo, afhankelijk van de grootte van de vis. Hoe dikker (en duurder) hij is, des te smakelijker zijn vlees zal zijn. Of u nu vis wilt kopen of niet, ga zeker eens kijken in de Rua do Arsenal (Baixa), waar veel traditionele kruideniers gevestigd zijn en stokvis in soorten en maten verkopen. Echtheid en versheid verzekerd.

OLIJFOLIE

Portugal is een van de drie grote producenten van olijfolie in Europa, naast Spanje en Italië. De olijven komen voor het merendeel uit de Alentejo. Het oogsten wordt met de hand gedaan of met behulp van grote stokken, waarmee men de vruchten van de bomen afslaat, die dan onbeschadigd in netten vallen. Er zijn vier tot vijf kilo olijven nodig om een liter olijfolie te maken en een persoon oogst per uur tussen de 8 en 10 kg. De productie verloopt al eeuwenlang op dezelfde manier: de olijven worden geschild en geperst, de pitten fijngemalen, de olie wordt gescheiden van het water en het afval dat er nog in zit. Dit procédé en de herkomst van de olijven bepalen de kwaliteit van de olie. Portugese olijfolie is zeer geurig, fruitig en wat bitter. Neem liever een extravergine olie (verkregen door koude persing) dan een geraffineerde (verkregen door verhitting) en kies een zo laag mogelijke zuurgraad (0,5° of 0,7°).

DE PORTUGESE *QUEIJO*, DE GROTE ONBEKENDE

In Portugal wordt op grote schaal *queijo* (kaas) geproduceerd. De kazen zijn echter moeilijk uit elkaar te houden, omdat ze maar zelden een etiket hebben en ook nog eens allemaal op dezelfde manier zijn verpakt. Men houdt zich hier duidelijk weinig bezig met verkooptechnieken. Elke *quinta* (landgoed) maakt zijn eigen kaas en de kwaliteit is de beste reclame. Probeer in ieder geval *queijo de cabra* (geitenkaas) uit Serpa of Castelo Branco en de room-*queijo* uit *Azeitão*, maar vooral de *queijo da Serra amanteigado*. Dat is een zachte schapenkaas *(ovelha)* die doormidden wordt gesneden en die men dan eet… met een lepeltje! Een goed adres om hem te kopen is: **Serra da Estrela**, Winkelcentrum Amoreiras (Av. Eng. Duarte Pacheco, Loja 3021-3056, dag. 10.00-24.00 uur,

☎ 3831631). Vrees niet: de kaas wordt voor de reis speciaal verpakt.

KENNERS VAN DE GROND

Varkensvlees is een andere plaatselijke specialiteit die u in ieder geval moet proeven. Verschillende streken (de Beiras, Alentejo) produceren vleesproducten met veel karakter. Een ham is misschien wat zwaar, maar veel goedkoper dan bij ons en u zult er geen spijt van hebben. Neem bijvoorbeeld een *presunto pata negra* (rauwe ham van het vlees van de zwarte varkens uit het noordoosten van het land) mee naar huis of *chouriço* of *linguiça*, *farinheiras* of *alheiras*

(worstjes die gegrild worden gegeten) of *patos* (gerookte worstjes) uit de Alentejo.

LISSABON, EEN NIEUWE STAD UIT DE EEUW VAN DE VERLICHTING

Op Allerheiligen in 1755 verwoestte een heftige aardbeving Lissabon. Sebastião José de Carvalho, markies van Pombal, toen minister-president, begon aan een ingrijpende stedenbouwkundige en economische revolutie. Hij liet het centrum volledig platleggen om een nieuwe stad te bouwen, geïnspireerd op het estheticisme en rationalisme van de Verlichting.

De markies van Pombal

DE AARDBEVING

De eerste schokken, die plaatsvonden tijdens de mis, veroorzaakten de instorting van de gewelven van talloze kerken. In paniek vluchtten de mensen naar de rivier, waar ze door een vloedgolf werden teruggedrongen. De ramp werd gevolgd door hongersnood en epidemieën. Er vielen in Lissabon, een voor die tijd dichtbevolkte stad (150.000 inwoners), ongeveer 40.000 slachtoffers. De gebeurtenis was in heel Europa het gesprek van de dag.

DE TRIOMF VAN DE GEEST VAN DE VERLICHTING

Pombal kwam als overwinnaar uit deze beproeving tevoorschijn. Hij kreeg van de koning de vrije hand, zowel voor de wederopbouw van de stad, als voor de uitvoering van zijn beleid. Als verlicht despoot voerde hij hervormingen door op het gebied van de economie, justitie, onderwijs en handel. Hij was niet-kerkelijk en liberaal en wilde het land hervormen, waarbij hij de ontwikkeling van de middenklasse voorstond ten koste van de adel en de geestelijkheid, die naar zijn oordeel te machtig waren. Hij schafte de slavernij af en begon een heftige kruistocht tegen de jezuïeten.

RATIONEEL ESTHETICISME

Pombal, die vaak met Haussmann wordt vergeleken, benaderde, 100 jaar vóór deze Parijse stadsontwikkelaar, de stedenbouwkunde al functioneel: de wederopbouw moest uiteindelijk een modelstad van Lissabon maken. Weg met de kronkelende steegjes en fantasierijke gevels. De doorgaande wegen werden breed en hadden rechte hoeken en de gebouwen leken allemaal op

elkaar, zonder versieringen. Voor het eerst werden voorgeschreven materialen gebruikt die meestal werden geïmporteerd (spijkers uit Nederland). Met het oog op de volkshygiëne schreef Pombal waterputten voor en deed hij voorstellen voor rioleringen, stoepen en het plaveien van de straten.

BAIXA: DE STIMULERING VAN DE HANDEL

De filosofie van Pombal blijkt duidelijk uit de organisatie van de benedenstad (Baixa). Deze werd bestemd voor de handel en de ambachten; de werkplaatsen werden per gilde gegroepeerd. Het gevolg was de opkomst van een klasse van kooplieden en bankiers die aan de basis zou staan van de ontwikkeling van het land; van hen was de politiek afhankelijk voor de uitvoering van haar beleid.

DE UITVINDING VAN DE INDUSTRIËLE *AZULEJOS*

Er moest snel worden gewerkt, en tegelijk een nieuw estheticisme worden gelanceerd. De technieken die tot dan toe waren gebruikt om tegels te maken, waren te bewerkelijk en te barok om aan deze doelen te beantwoorden. In 1767

werd de Koninklijke Aardewerkfabriek in Rato gesticht waardoor op grote schaal tegels met simpele motieven konden worden geproduceerd. De tegels werden in gangen, trappenhuizen en keukens toegepast. De polychromie is terug en het mangaan geeft een typische paarsheid aan de tegels uit deze periode.

EXPO'98:
IN HET TEKEN VAN
DE GROTE PLAS

Ter gelegenheid van de laatste Wereldtentoonstelling van deze eeuw nodigt Lissabon ons uit een duik te nemen in de fascinerende wereld van de oceanen. Zo hernieuwt Portugal de band met dit maritieme universum dat zijn verleden groot maakte.

ÉÉN THEMA,
ÉÉN LOGO,
ÉÉN MASCOTTE,
ÉÉN MUZIEK

De oceanen, de erfenis voor de toekomst, dat is het *thema* van de expositie die van 22 mei 1998 tot 30 september 1998 in Lissabon wordt gehouden. Het is een universeel eerbetoon aan de oceanen met aandacht voor geschiedenis, kunst, wetenschap, maar ook ecologie en vrije tijd. Het *logo* geeft de zee weer: een vergulde cirkel boven een blauwe, gestileerde golf. Gil, de *mascotte,* een vriendelijk mannetje, ontvangt u met een glimlach en een hoofd in de vorm van een golf. *Pangaea* is de naam van de officiële *muziek* die door Nuno Rebelo is gecomponeerd. De klanken van de Portugese gitaar vermengen zich met ritmen uit andere landen.

EEN BLIK OP
HET TERREIN

Het industriegebied Xabregas, ten oosten van de stad, omvormen tot een expositieterrein was een grote uitdaging voor de stedenbouw.

Bij de zuidelijke ingang van de Expo is de oude toren van de raffinaderij *Pétrogal,* omgebouwd tot observatorium, het enige dat aan de vroegere bestemming van deze wijk herinnert. Op het terrein staan vijf thematische paviljoens, ontworpen met het oog op later hergebruik, landenpaviljoens en dienstgebouwen:

Paviljoen van de Utopie: later het stadion van Lissabon; tijdens de Expo een ruimte waar men over de zeeën kan dwalen aan de hand van een multimediaspektakel.

Paviljoen van de Oceanen: ontworpen door Peter Chermayeff, een van de grootste aquariums van Europa, met vissen uit alle oceanen van de wereld. Een centraal bassin (zo groot als vier Olympische zwembaden) en vier zijbassins verbeelden de leefgebieden van de Indische Oceaan, de Noordelijke IJszee, de Atlantische Oceaan en de Grote Oceaan.

Paviljoen van de Toekomst: hier leert men begrijpen wat de oceanen bedreigt en hoe ze beschermd kunnen worden.

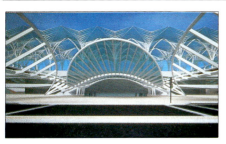

Paviljoen van de Kennis van de Zeeën: van de ontdekkingsreizen per karveel tot moderne verkenningstechnieken: een reis door de tijd en de ruimte.

Paviljoen van Portugal: ontworpen door de architecten Siza Vieira en Souto de Mouro. Hier wordt de geschiedenis van Portugal verteld, van de ontdekkingsreizen tot nu.

Internationale zones: tijdelijke gebouwen die tijdens de Expo aan de deelnemende landen zijn gewijd.

Dienst- en recreatiegebouwen: 54 thema- en fastfoodrestaurants en alle onmisbare voorzieningen (hotels, een kan-torencomplex, apotheken, reisbureaus enzovoort).

Verkeerszones: bestaan uit een *waterweg* met fonteinen en een *kustweg* met een kabelbaan; tot 3 uur in de ochtend vindt u hier alle vormen van amusement (muziek, toneel, ballet, circus) en bovendien nog een tentoonstelling over de zeevaart en tropische tuinen.

EXPO URBE OF NA DE EXPO

Het echte plan voor de nieuwe inrichting van de wijk gaat veel verder dan het doel er de Expo te houden. Op 330 ha, waarvan 110 ha groengebied, wil men een nieuwe stadswijk realiseren, met een universitair centrum, een sportcentrum, een theater, een nieuw gemengd verkeersstation (trein, metro, bus), een jachthaven en woonwijken. Men rekent op 25.000 nieuwe inwoners, 18.000 nieuwe banen en 30.000 nieuw geplante bomen. Expo Urbe is een erg ambitieus project!

HET FESTIVAL 'RETROSPECTIEF VAN DE 20STE EEUW'

Dit culturele festival dat vele disciplines omvat, werd 100 dagen voor de Expo gehouden (van 12 februari tot 28 mei 1998). In vele theaters en musea kon men exposities en voorstellingen bezoeken die gewijd waren aan grote gebeurtenissen van deze eeuw: muziek, ballet, kunst, mode, wetenschap.

DE EXPO'98 IN GETALLEN

Meer dan 130: deelnemende landen,
70 ha: de oppervlakte van het tentoonstellingsterrein,
15 miljoen: het verwachte aantal bezoekers,
25.000: het aantal dieren in het reusachtige aquarium,
54.000: azulejos in het aquarium,
Meer dan 400 miljard $: voorziene investering.

PRAKTISCH:

Gratis telefoonnummer: ☎ 05-00-1998.
Internet: www. Expo98.pt
Winkels op de Expo: Cultureel centrum van Belém, dag. 10.00-20.00 uur. Rua das Portas de São Antão, Arcadas do Palácio da Independência (Baixa), ☎ 3462167, ma-za 9.00-21.00 uur.
Openingstijden: terrein dag. 10.00-3.00 uur; **thematische paviljoens en internationale zones** dag. 10.00-20.00 uur.
Kaarten: sinds mei 1997 te koop bij reisbureaus.

LEERBEWERKING

De traditie van de leer-
bewerking gaat ver
terug in de geschiede-
nis van Portugal. In
de 14de eeuw waren
er al werkplaatsen
van leerlooiers in
Alfama, waar natuur-
lijke bronnen het wassen
en looien van de huiden
vergemakkelijkten.
Tegenwoordig is Portugal de tweede producent in
Europa van huiden en schoenen.

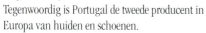

DE TWEEDE SCHOENEN-EXPORTEUR VAN EUROPA

Er worden 110 miljoen paar
per jaar geproduceerd,
waarvan 88 miljoen worden
geëxporteerd, 8 procent van de
totale export van het land.
Portugal bezet de tweede plaats
in Europa en de negende in de
wereld. In meer dan 1000
bedrijven werken 50.000
mensen, die goed zijn voor een
jaarlijkse omzet van 350 miljard escudos; hieruit blijkt
duidelijk hoe belangrijk de
schoenensector voor de
economie van het land is.

MOOIE HUIDEN UIT HET NOORDEN

Meer dan 90 procent van de
productie komt uit het
noorden

van het land,
zowel leer als
eindproducten.
Portugal is niet
volledig zelfvoorzienend en
moet ook huiden importeren.
De streek rond Porto is gespecialiseerd in de productie van
duurdere kwaliteitsschoenen
(heren-, dames- en kinder-
schoenen) en het stadje
S. João de Madeira is bekend
in Portugal vanwege het grote
aantal schoenenfabrieken.
Aan de kust van Braga maakt
men schoenen voor de
middenklasse, in het bijzonder
voor mannen, terwijl men zich
in Leira (dat dichter bij

Lissabon ligt) concentreert op
de productie van gewone
schoenen (bovenwerk van leer
en zolen van rubber). In
Lissabon zijn ten slotte nog
enkele ateliers waar luxe
damesschoenen worden
gemaakt.

JASJES, JACKS EN TASSEN

De productie in Portugal
beperkt zich niet tot schoenen;
u vindt ook leren tassen en
kleding *made in Portugal*. De
tendens is dat de ontwerpen in
Italië worden gemaakt,
waarna ze in Portugal worden
uitgevoerd. Dit zijn gewilde
objecten, want de stijl is
modern en de prijzen redelijk.

Een opwelling hoeft u de kop niet te kosten: reken 4000 tot 10.000$ voor een mooie handtas.

LEERSTRAAT

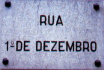

Het zal u verbazen dat het niet de Rua dos Sapateiros (Schoenmakersstraat) is waar u de grootste keuze hebt aan schoenen en lederen accessoires, maar in de Rua 1° Dezembro, er vlakbij (Baixa).

Van winkel tot winkel treft u er goede kwaliteit en modellen die allemaal een min of meer klassieke stijl vertonen. Een mooi paar herenschoenen dat in S. João de Madeira is gemaakt, kost 12.000 tot 15.000$, de prijzen van damesschoenen kunnen meer uiteenlopen, afhankelijk van model en kleur (7000 tot 18.000 $).

ETIKETTEN LEZEN

Bij schoenen staat de informatie op de zool vermeld, in het Portugees of soms in de vorm van symbooltjes. Nu en dan treft u beide aan. Om er wegwijs in te worden, vindt u hier een woordenlijstje:
Gáspea couro: bovenwerk van leer.
Forro e palmilha em pele: binnenwerk en voering van leer.
Sola couro: leren zool.
Voor kleding en accessoires moet u erop letten of het etiket *couro verdadeiro* (echt leer) erin is genaaid.

WIE DE SCHOEN PAST...

In Portugal hanteert men dezelfde schoenmaten als in Frankrijk. Kies twee nummers hoger dan u gewend bent. Soms lopen de maten van 1 tot 6, dan moet u zich richten op het onderstaande schema:
1 = 35/36 (37/38);
2 = 37/38 (39/40);
3 = 39/40 (41/42);
4 = 41/42 (43/44);
5 = 43/44 (45/46);
6 = 45/46 (47/48).
Wees zo verstandig de schoenen altijd te passen.

LAAT UW SCHOENEN POETSEN

Maak gebruik van de laatste schoenpoetsers die nog in het centrum van Baixa rondlopen (Praça do Rossio en Praça da Figueira) en laat uw schoenen blinken. De schoen-poetsers zijn echte professio-nals. Als u zich niet ongemak-kelijk voelt op uw kleine stoeltje terwijl uw schoenen worden gepoetst, zult u verrukt zijn van het resultaat. De schoenpoetsers doen hun werk met overgave en uw schoenen glimmen als nieuw.

HEILIGEN VAN DE KALENDER EN GODEN VAN HET STADION

I n Portugal leeft het katholieke geloof meer dan elders in Europa. Het geloof is onlosmakelijk verbonden met de manifestaties waaraan de bevolking in groten getale deelneemt. Alleen voetbal en de *touradas* maken een vergelijkbaar enthousiasme los.

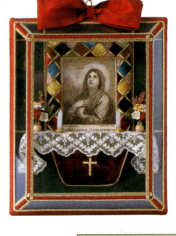

DE BEWOGEN GESCHIEDENIS VAN DE KERK

In het land van de Maagd van Fátima zijn de mensen gelovig en praktizerend. Tegenwoordig noemt meer dan 50 procent van de bevolking zich een trouw kerkganger. Dat is niet altijd zo geweest. Portugal was een provincie van het Romeinse Rijk en werd vervolgens overheerst door de Visigoten en de moren. Het christendom verspreidde zich pas echt in de 12de eeuw. De ontdekkingsreizen betekenden een hoogtepunt voor de religieuze orden. De Christusorde bewapende de karvelen en de jezuïeten namen aan alle expedities deel om het geloof te verbreiden. Het einde van de 18de eeuw en de 19de eeuw waren moeilijke perioden voor de Kerk: de jezuïeten werden verdreven en de religieuze orden ontbonden.

HEILIGE ANTONIUS VAN LISSABON

Hij wordt beschouwd als een van de eerste Portugezen die wereldwijd beroemd werd en is bekend onder de naam Heilige Antonius van Padua. Vaak denkt men dat hij Italiaans is. Hij werd in 1195 in Lissabon geboren en voorbestemd om een militaire loopbaan te volgen. Hij volgde echter zijn religieuze roeping. Hij blonk uit in theologie, werd kerkleraar en

vertrok naar Marokko om het geloof uit te dragen. Door een storm landde zijn schip in Italië. Daar sloot hij zich aan bij de franciscanen. Hij was een uitstekend prediker en bekeerde veel ongelovigen. Bovendien verrichtte hij wonderen. Hij stierf in 1231 in Padua en werd een jaar later heilig verklaard.
In Lissabon is hij de populairste en meest aanbeden volksheilige.

DE JUNI-FEESTEN

Op 12 juni, de dag van de H. Antonius, is het feest in de stad: er wordt een optocht gehouden van alle wijkverenigingen in

traditionele kostuums over de Avenida da Liberdade en een processie achter het beeld van de Heilige Antonius in de straten van Alfama. Ieder draagt een kaars en zegt gebeden op, men koopt een potje gelukbrengende basilicum en in een van de geïmproviseerde restaurants eet men sardines en gegrilde paprika's. Eind juni zijn de Heilige Johannes en de Heilige Petrus onderwerp van nog meer processies en feestelijkheden.

VOETBAL, EEN ECHTE CULTUS

Dit is zonder twijfel de tweede 'godsdienst' van het land, misschien zelfs wel de eerste. Op avonden van belangrijke voetbalwedstrijden zet men in Alfama, net als tijdens de feesten van de volksheiligen, een tv en een paar stoelen buiten en deelt men met

verschillende huisgezinnen de opwinding van het spektakel. In Lissabon zijn twee rivaliserende clubs, *Benfica* en *Sporting*, met elk hun trouwe supporters. De Lissabonners zijn het echter helemaal eens als het erom gaat te winnen van *F.C. Porto*! In de media neemt voetbal een belangrijke positie in, soms nog voor de economie en de politiek.

DE *TOURADA*

Nog een Portugese passie: de *tourada*. Een ruiter plant tijdens een ingewikkelde rit banderilla's in de nek van de stier. Maar het hoogtepunt is toch wel het moment van de *pega* (het nemen). De *forcados* (mannen te voet) betreden de arena en moeten zich door de stier laten aanvallen. Zij stoppen hem door hem bij de horens, de nek of de staart te grijpen.

Gravure van Goya

In een Portugese *tourada* wordt de stier niet gedood, tenminste, niet in de arena. Meestal wordt hij de volgende dag geslacht omdat hij, nu hij één keer heeft gevochten, een tweede keer te gevaarlijk zou zijn. In Lissabon: Praça de Toiros, Campo Pequeno, ☎ 7936601, april-sept.

PORT EN ANDERE WIJNEN

Sinds 1756 hebben de wijngaarden in de Douro-streek het recht om port te produceren. Het was de eerste 'Appellation d'Origine Contrôlée' ter wereld. Een Engelse koopman kwam in de 18de eeuw op het idee een plaatselijke wijn te versterken met brandewijn. Deze drank kwam in de mode en de uitvoer naar Engeland nam grote vormen aan.

PORT: HET GEWICHT VAN DE TRADITIE

De wijnbereiding gaat nog altijd op dezelfde manier, ook al hebben de oude stenen gistkuipen meestal plaatsgemaakt voor moderne. Tijdens de gisting van de druiven wordt brandewijn toegevoegd tot een alcoholgehalte van 20°. In het volgende voorjaar wordt de gehele oogst overgebracht naar Vila Nova de Gaia, hoofdstad van de port, waar de pakhuizen de ideale omstandigheden voor het rijpen bieden.

WOORDENLIJST VOOR DE PORT-LIEFHEBBER

Er is port en port! Afhankelijk van de druif, het jaar, de bereiding en de rijping kan port heel verschillend zijn. De kleur van de druif bepaalt ook de kleur van de port. Van witte druiven maakt men *porto branco* (wit). Van rode druiven *porto ruby* of *tinto* (rood) of *porto tawny* of *aloirado* (roodbruin). Afhankelijk van de herkomst van de druiven en de bereiding spreekt men van:

Blends: vermenging van druiven van verschillende jaren en wijngaarden, drie jaar gerijpt.
Quintas: port van één landgoed, ten minste drie jaar gerijpt.

Colheitas: selectie van op etiket genoemde jaren, zeven jaar op hout gerijpt.
Late Bottle Vintage (L.B.V.): vier tot zes jaar bewaarde, van jaartal voorziene port, later gebotteld en in de handel gebracht.
Vintage: port van een uitzonderlijk goed jaar, twee jaar bewaard en daarna 10 tot 30 jaar (of meer) in flessen gerijpt.

ZO HOORT HET

Droge *porto branco* schenkt men koud, als aperitief, terwijl gewone *ruby* of *tawny* (3 jaar) aan het slot van de maaltijd wordt gedronken met kaas of een dessert. Een port ouder dan tien jaar drinkt men als digestief bij een feestelijke gelegenheid. Bij een *L.B.V.* en een *Vintage* moet de fles liggend worden bewaard, met het etiket naar boven, waarna hij voor het drinken gedecanteerd moet worden opdat het bezinksel in de fles achterblijft. Deze drinkt men alleen bij heel speciale gelegenheden.

WAAR PROEFT U DE VERSCHILLENDE SOORTEN PORT?

Ga op de tijd voor het aperitief of digestief naar het **Instituut voor de port**. Hier schenkt men meer dan 600 soorten port per glas. Met een beetje geluk vindt u de port van uw geboortejaar (700-800$ per glas voor een vintage van 30 jaar).
Solar do Vinho do Porto, Rua São Pedro de Alcântara 45 ☎ 3475707, dag. beh. zon- en feestdagen 10.00-24.00 uur.

MADEIRA LEREN KENNEN

Naast port is madeira de Portugese wijn die in het buitenland het bekendst is. Een madeira waarderen is nog

niet zo gemakkelijk. Er zijn vier soorten madeira: *sercial*, de droogste, wordt als aperitief gedronken, *verdelho*, iets minder droog, amberkleurig, eveneens een aperitief. *Boal* is iets zoeter en laat zich goed combineren met kaas. *Malvasia* ten slotte is erg zoet en wordt als dessertwijn of digestief geserveerd. Al deze wijnen hebben een alcoholgehalte tussen 17,2 en 22° en rijpen 3 tot 22 jaar. Een wijn met het opschrift *reserva* moet ten minste vijf jaar oud zijn. Een *reserva Velha* is ten minste 10 jaar oud en een *colheita* 22 jaar.

ANDERE WIJNEN

Minho: de grootste uit de wijnstreek, het land van de *vinho verde*, een jonge witte wijn die men koud moet drinken. *Alvarinho* is een van de bekendste. Kies, als u hem wilt kopen, quinta of een regionale coöperatie (600-1000$). **Douro:** bekend om zijn port, maar deze streek biedt

ook een aantal zeer goede rode wijnen. Probeer vooral eens de *Quinta do Côtto*, de wijn van de Portugese industriëlenfamilie Champallimaud (vanaf 1800$).
Dão: op de hellingen van de Serra de Estrela wordt al sinds de 13de eeuw wijn gemaakt. Dat is nog eens traditie! Proef de rode *Dão Pipas* of *Sogrape Reserva* (1500 tot 4000$).
Bairrada: pas AOC sinds 1979, maar hier worden al beroemde wijnen gemaakt, met name rode die u lang kunt bewaren. Een *Luís Pato Vinhas Velhas* of een *Frei João Reserva* (1800 tot 8000$) kunnen zich meten met een goede Bordeaux…
Alentejo: de wijnen uit deze streek, fruitig en zwaar alcoholhoudend, smaken goed bij

de regionale landelijke keuken. Zoek naar de coöperaties *Redondo* en *Reguengos* (van 500 tot 2500$).
Ribatejo: land van stieren en wijnen; op de oevers van de Taag produceert men goede, gemakkelijk drinkbare wijnen. Probeer de cabernet sauvignon van *Casa Cadaval* (1200$).

EEN ONVERMIJDE-LIJK ADRES

Coisas do Arco Do Vinho: Rua Bartolomeu Dias, Loja 7, Winkelcentrum van Belém. ☎ 3612031 Dag. 11.00-20.00 uur, beh. ma.

Francisco Barão da Cunha en José Oliveira Azevedo houden al zo lang ze zich kunnen herinneren van wijn. Ze kiezen voor hun winkel de beste ports en wijnen en u vindt bij hen dan ook uitstekende Portugese cru's en zoveel goede adviezen als u maar wenst. Ze verkopen bovendien allerlei accessoires (glazen, kurkentrekkers) en een ruime keuze aan lokale producten. Eén zaterdag per maand organiseren ze proeverijen rond een bepaalde wijn of een bekende producent.

Hoe en wat in Lissabon

VERVOER

In het centrum van Lissabon is het het beste

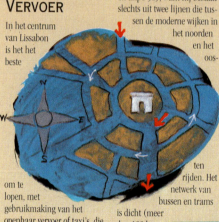

om te lopen, met gebruikmaking van het openbaar vervoer of taxi's, die overigens erg goedkoop zijn. Een auto is alleen maar lastig, gezien de smalle straten, de problemen om in bepaalde wijken (Alfama, Bairro Alto) de weg te vinden en uit de voeten te komen en de bijna-onmogelijkheid om een parkeerplaats te vinden (weinig parkeergarages, die overvol zijn en erg duur).

Om van de ene wijk naar de andere te komen, kunnen bus, tram (*eléctrico*) of funiculaire (*elevador*) heel welkom zijn, want de straten lopen soms erg steil omhoog! Voor een bezoek aan Sintra of de kust van Estoril kunt u echter het beste een auto huren. De boot ten slotte kan een aangenaam vervoermiddel zijn, vanwaar u de stad weer eens heel anders ziet liggen (georganiseerde rondvaarten of lijndiensten).

PER METRO, TRAM, *ELEVADOR* EN BUS

Aan de metro hebt u niet veel (behalve voor de Gulbenkian-stichting, de Avenida de Roma en Expo'98), want hij bestaat slechts uit twee lijnen die tussen de moderne wijken in het noorden en het oosten rijden. Het netwerk van bussen en trams is dicht (meer dan 100 bussen en 6 trams), praktisch en volgt soms mooie routes. De meeste haltes van bussen en trams naar het centrum bevinden zich op Praça da Figueira, Praça do Comercio of Cais do Sodre in Baixa.

Let op tram 28 waarmee u de stad van oost naar west doorkruist en de moderne lijn 15 die langs de Taag en de Praça do Comercio naar Belém rijdt.

Vergeet ook de *elevadores* niet: drie funiculaires (Bica, Gloria, Lavrà) en een lift (Santa Justa), onmisbaar om de heuvels van Lissabon de baas te worden. Over het algemeen functioneert het openbaar vervoer van 7.00 tot 24.00 uur, sommige bussen en trams zelfs tot 2.00 uur 's nachts. *Carris*, die het stadsvervoer in Lissabon regelt, verkoopt toeristenkaarten die geldig zijn op al het openbaar vervoer:

metro, bus, *eléctrico* (tram), *elevadores* (funiculaires en lift). Er zijn verschillende combinaties mogelijk: kaarten voor één dag (430$),

drie dagen (1000$) of een *passe touristico* die vier (1550$) of zeven dagen (2190$) geldig is. Als u slechts af en toe van het openbaar vervoer gebruikmaakt, kunt u beter voor 150$ een retourkaartje kopen in een kiosk van Carris (gelijk aan de prijs van een enkele reis bij de chauffeur gekocht). Vraag naar een plattegrond (*planta dos transportes*), die erg handig is om de weg te vinden. (Carris ☎ 3632044, kiosken: Praça da Figueira en Elevador Santa Justa, dag. 8.00-20.00 uur).

PER TAXI

De taxi's, die vroeger groen en zwart waren, zijn tegenwoordig vaak beige. Ze zijn talrijk en goedkoop. Over het algemeen houdt men ze op straat aan, als het groene licht tenminste niet brandt, wat wil zeggen 'bezet'. Er zijn ook standplaatsen en centrales die u kunt bellen (☎ 8111100 of 8155061). Alle taxi's zijn in principe voorzien van een meter die bij het begin van de rit 250$ moet aangeven. Als de taxi is gebeld, wordt bij de prijs een bedrag van 150$ geteld. Als u veel bagage hebt (meer dan 55 cm x 36 cm) wordt er nog eens 300$ bij opgeteld. Mocht het voorkomen

dat u wilt reclameren, moet u zich wenden tot de *Comando P.S.P Metropolitano* ☎ 3466141, met het nummer van de auto. Bel voor verloren voorwerpen, *Esquadra P.S.P dos Olivais* ☎ 8535403.

PER BOOT

Er bestaan verschillende veerdiensten tussen Lissabon en de andere oever van de Taag. De veerboten vertrekken van de aanlegsteigers van Praça do Comercio (Cais da Alfândega), Cais do Sodre of Belém en varen naar Cacilhas, Montijo en Porto Brandão. De prijs van de oversteek is laag (90$) en het uitzicht op de stad vanaf de rivier is die prijs zeker waard! Transtejo, Cais d'Alfândega ☎ 8874975, 8464153; 24 uur per dag.

EEN AUTO HUREN

Als u een auto huurt, moet u voorzichtig zijn, want de auto wordt in Portugal nog niet zo lang massaal als vervoermiddel gebruikt (het aantal auto's is sinds 1986 vertienvoudigd) en het gebruik van achteruitkijkspiegel en richtingaanwijzer is nog niet zo ingeburgerd. Portugal is nog altijd houder van het trieste Europese record van de meeste ongelukken per inwoner (300 op

1000 inwoners per jaar tegenover gemiddeld 120 in de rest van Europa). Verhuurbedrijven hebben kantoren op de luchthaven en zijn meestal geopend dag. 6.00-24.00 uur.

Hertz ☎ 8492722; Eurodollar ☎ 8470661; Avis ☎ 8494836.

EEN BRIEF POSTEN EN TELEFONEREN

Postzegels (*selos*) koopt men bij het postkantoor en in de winkels met het symbool van de *Correios de Portugal* (gevleugeld wit paard op een rode ondergrond) en het woord '*selos*'.

De post wordt vlot bezorgd (twee tot drie dagen voor post naar Nederland of België) en

kost 80$ aan postzegels, normaal tarief (briefkaart, brief) en ongeveer het dubbele voor exprespost (*correio azul*). De postkantoren zijn geopend ma-vr 9.00-18.00 uur; alleen de kantoren in het centrum en op het vliegveld zijn later open. Praça das Restauradores ☎ 3471122, ma-za 8.00-22.00 uur; Vliegveld ☎ 8490245, 24 uur per dag. Als u uit een hotel telefoneert, moet u van tevoren naar de tarieven vragen, anders loopt u kans op een vervelende verrassing als u de rekening betaalt. Portugal is een duur land wat telecommunicatie betreft. De beste oplossing is naar het hoofdpostkantoor te gaan dat gunstige openingstijden heeft en over telefooncellen beschikt. Enkele telefooncellen zijn geschikt gemaakt voor het betalen met Visa-Eurocard, maar deze zijn nog zeldzaam. Koop anders een telefoonkaart bij een sigarenwinkel of zorg dat u voldoende kleingeld op zak hebt .

Om naar **Nederland** te bellen, kiest u 0031, gevolgd door het netnummer zonder 0 en het abonneenummer. Voor **België** kiest u 0032.

Om **binnen Lissabon** te bellen, kiest u de zeven cijfers van het gewenste nummer (telefoonnummers zijn onlangs gewijzigd; er zijn nog enkele nummers met vijf of zes cijfers). Kies, als u Lissabon wilt bellen **vanuit een andere stad in Portugal** 01; **vanuit Nederland of België** toetst u 3511, gevolgd door het abonneenummer. Voor een collect call ten slotte kiest u 180123 en voor het verzenden van een internationaal telegram 182.

U kunt dit allemaal aanzienlijk vereenvoudigen door een scope kaart aan te vragen, waarmee u vanuit een telefooncel de hele wereld kunt bellen. De kosten van uw gesprekken vindt u

terug op uw telefoonrekening tegen plaatselijk tarief. Bel voor collect calls en het aanvragen van een scope kaart: Nederland Direct
☎ 1720031
België Direct
☎ 17200320

GELD WISSELEN

Bij de loketten van vrijwel alle grote banken kunt u geld wisselen (geopend ma-vr 8.30-15.00 uur). Voor een weekeinde is het natuurlijk veel makkelijker als u met een internationale creditcard kunt betalen; Visa wordt geaccepteerd, maar ook Eurocard, Mastercard en American Express. Alle geldautomaten in de stad (let op het opschrift *Multibanco* en de letters MB in blauw en wit) accepteren buitenlandse geldpasjes en spreken u zelfs toe in de door u gewenste taal. U mag in principe maximaal 40.000$ per dag opnemen.

TOERISTEN-BUREAUS

Palacio Foz, Praça das Restauradores
☎ 3466307, dag. 9.00-20.00 uur.
Vliegveld ☎ 8494323, dag. 6.00-2.00 uur.

Bij de toeristenbureaus kunt u folders halen over alle wijken in Lissabon. Deze zijn zeer bruikbaar en worden in het Engels en het Frans aangeboden. In de bureaus spreekt men meestal wel Engels of Frans; u kunt er allerlei handige informatie krijgen (hotels, evenementen, feesten, musea). Aarzel niet om te vragen naar wat u interesseert, want men beschikt in de toeristenbureaus over veel meer documentatie dan wat spontaan wordt aangeboden. De plattegrond is daarentegen

niet goed bruikbaar, want veel te grof: u kunt er net de wijken op terugvinden die u wilt bezoeken, maar hij schiet tekort als u zonder te verdwalen wilt wandelen in de straatjes van Alfama of Bairro Alto. In alle toeristenwinkels in Baixa vindt u echter goed gedetailleerde stadsplattegronden van uitstekende kwaliteit.

MUSEA EN MONUMENTEN

Musea en bezienswaardigheden zijn over het algemeen zes dagen per week geopend van 10.00 tot 12.30 en van 14.00 tot 17.00 uur. Ze zijn meestal op maandag gesloten. De openingstijden kunnen variëren per seizoen ('s zomers is de sluitingstijd een uur later) en per museum. Informeer bij het toeristenbureau.

De grote musea (voor oude kunst,

Gulbenkian, Jeronimos, Azulejos) sluiten op maandag en op feestdagen.

Companhia Carris de Ferro de Lisboa
Bilhete 1 Dia   430$00
015 30 07/09/98 11:17   A7
Manter até final da viagem
B 0250820   IVA 5%

Baixa: Lissabon in het kwadraat

D e 'lage stad'
(*Baixa*, spreek uit
Bajsja), na de aard-
beving geheel nieuw
gebouwd volgens de
plannen van de markies
van Pombal, heeft wel wat
weg van een schaakbord.
In de 7de eeuw v.C. was Baixa,
dat werd doorsneden door een
bevaarbare zijarm van de Taag,
het middelpunt van een grote
handelsactiviteit. Eigenlijk is er
niets veranderd: Baixa is nog altijd het
kloppende hart van de stad, met zijn
voetgangerszones en traditionele winkels.

❷ Casa dos Bicos ★
Rua dos Bacalhoeiros.
☎ 8884827.

De naam verwijst naar de
gevel, waarop de stenen in
diamantvorm *(bicos)* zijn
geplaatst. Het huis werd rond
1523 gebouwd door de zoon
van de onderkoning van Indië
en is een van de laatste herin-

❶ Praça do Comércio ★★★

Het voormalige Terreiro do
Paço heeft niet aan herin-
richting kunnen ontsnappen.
Het wordt nu omringd door
saffraankleurige gebouwen
(ministeries) en komt met
een triomfboog uit op Baixa
en met een steiger op de Taag.
Aan het eind van de dag, als
het werk erop zit, haast zich
een dichte menigte naar de
veerboten die Lissabon verbin-
den met de buitenwijken op
de andere oever. Onder de
koele arcaden zitten *alfarra-
bistas* (boekenstalletjes).

ringen aan de vroegere
lvaart in deze wijk. In de
e eeuw woonden hier veel
ellijke families. Het is geres-
ureerd, met een verdieping
gebreid, en huisvest nu de
tionale Commissie van de
tdekkingsreizen. Alleen
gankelijk tijdens exposities.

Igreja Nossa
enhora da
onceição Velha ★★
a da Alfândega 112-114.

een de gevel en het 16de-
wse portaal hebben de
rdbeving overleefd. Loop
n om om de beelden in
vere Manuelstijl te bewon-
en en te zoeken naar de
agd Maria die koning
nuel I onder haar mantel
schermt.

Romeinse
egravingen ★★★
ndação Banco Comercial
rtuguês.
a dos Correeiros 9 R/C.
3211700.
ndleidingen do 15.00,
00, 17.00 uur en za elk
r van 10.00 tot 17.00 uur.
tis toegang.

u de reusachtige deur van
achteringang van de Banco
mercial Português open-
t, ontdekt u Lissabon in
Romeinse tijd. Direct na de

ingang wacht u een geplaveide weg met nog zichtbare
karrensporen. Vervolgens leidt
de ondergrondse weg u tussen
de muren van Romeinse en
middeleeuwse woonhuizen
door naar de restanten van
een industriecomplex. U ziet
er graansilo's, olie-amforen,
maar vooral bakken om vis te
pekelen. Deze lokale
specialiteit werd naar alle
delen van het Romeinse Rijk
uitgevoerd, samen met
garum, een gekruide
marinade. Uit een schitterend
mozaïek uit de 3de eeuw v.C.
blijkt dat er ook Romeinse
thermen waren.

❺ Rua Augusta ★★
Dit is de verkeersader van
Baixa. Hij is autovrij, gemaakt
en krioelt altijd van de mensen
(behalve op zondag). Zodra
de zon zich laat zien, zitten
de terrassen vol. U bevindt
zich hier midden op het
door Pombal aangelegde
schaakbord. De parallel
lopende straten zijn ge-
noemd naar ambachten
(de Rua dos Sapateiros
naar schoenmakers, dos
Correeiros naar zadelma-
kers) en die daar haaks op
staan naar hun patroon-
heiligen. De wijk was
bestemd voor ambachts-
lieden en georganiseerd per
gilde. Dat gaat nog steeds
op: kijk maar eens in de

Rua do Ouro (goudsmeden) of
da Prata (zilversmeden).

❻ Elevador
de Santa Justa ★★★
Dag. 8.00-20.00 uur.
Niet gratis (u hebt een
buskaartje nodig).

Deze lift zou begin 20ste eeuw
door een leerling van Eiffel

❼ A Ginjinha ★★
Largo S. Domingos 8.

Deze piepkleine
bar, waar alleen
kersenlikeur
(*ginginha*) wordt
geschonken, zit
bijna altijd vol. De
Portugezen zijn
verzot op deze
drank als
aperitief. Het
is een echte
gewoonte
geworden
om op elk
moment van
de dag een
glaasje met
vrienden te
drinken. Pas
op dat u er
niet te veel
van drinkt,
want hij is
behoorlijk
koppig.

zijn ontworpen. De stijl verraadt dat ook: kantwerk van ijzer aan de buitenkant en de binnenkant geheel van hout, met banken en een liftjongen. De lift voert omhoog naar de Chiado, waarna u over een voetgangersbrug de Rua do Carmo bereikt. De toenmalige koning, die tot de bouw van de lift opdracht had gegeven, moest te paard over de brug rijden om te bewijzen dat hij stevig was. Op het terras van de bar, toegankelijk via een wenteltrap en boven op de lift gelegen, hebt u een magnifiek uitzicht op de zonsondergang boven Baixa en het kasteel.

❽ Manuel Tavares ★★
Rua da Betesga 1A/B.
☎ 3424209.
Ma-vr 9.30-19.30 uur, za 9.00-13.00 uur.

De schappen van deze comestibleszaak liggen vol heerlijke dingen. Snoep ligt naast regionale specialiteiten en heerlijke geuren vullen de zaak. Dit is zo'n zaak waar u uw culinaire souvenirs moet kopen: *queijo da Serra* (schapenkaas) voor 3700$ per kg, rauwe ham uit *Beira Baixa* (2100$ per kg), vleeswaren uit de Alentejo: *choriço* (1600$ per kg), var-

kenspoten, gerookte worstjes en *Alheiras de Mirandela* (worst die u warm moet eten).

❾ Confeitaria Nacional ★★
Praça da Figueira 18B.
☎ 3424470.
Ma-vr 8.00-20.30 uur, za 8.00-14.00 uur.

Dit is een van de oudste banketbakkerijen van Lissabon. Hier maakt men sinds 1829 *bolos* en *pasteis*. Ze komen warm en knapperig uit de oven. De vanille-achtige geur die rond de bakkerij hangt, is een uitnodiging om er wat lekkers te halen.

❿ Hospital das Bonecas ★
Praça da Figueira 7.
☎ 3428574.
Ma-vr 10.00-19.00 uur, za 10.00-13.00 uur.

In deze winkel in de vorm v een pijpenla worden stoffen poppen gemaakt. Men verkoopt ook alle mogelijke accessoires: schoenen, hoed en kleertjes. De jurkjes zijn chic, gemaakt van fluweel e kant en vaak erg duur. Verg niet uw pop mee te nemen te passen! In het 'ziekenhu' worden ook alle poppen gerepareerd!

⓫ Rossio-station ★
Praça Dom João da Câmar

2 Casa Macário ★★

Rua Augusta 272-276.
☎ 320900.
Ma-vr 9.00-19.00 uur,
za 9.00-13.00 uur.

Als u houdt van de geur van vers gebrande koffie, moet u bij Macário binnenlopen. Deze zaak importeert al koffie sinds het begin van de 20ste eeuw en heeft een zeer groot assortiment aan koffiesoorten uit de voormalige Portugese koloniën Brazilië, São Tomé (Afrika) en Timor (Indonesië), (gemiddelde prijs: 1800$/kg, hoe meer arabica, hoe duurder). Hier vindt u ook de oudste port van Lissabon, een *colheita*, een *L.B.V.* of een *vintage* (zie blz. 32). Welke u kiest, hangt af van uw budget (tussen 15.000$ voor een *colheita* van 35 jaar oud en 65.000$ voor een *vintage* van dezelfde ouderdom).

tussen de Praça de Rossio en de Praça dos Restauradores heeft zich een indrukwekkend gebouw. Het is een van stations van Lissabon. De stijl van de gevel lijkt veel op de Manuelstijl. Toch gaat het er om een bouwwerk uit 1887! In deze periode hield men ervan te werken in neomanuelstijl, die niet van de echte is te onderscheiden.

Avenida da Liberdade ★★

Hier droomt Lissabon van Parijs en de Champs-Élysées met zijn rijen platanen, zijn fonteinen en dure winkels, ook al verkopen die vooral

Italiaanse mode (Armani, Zegna, Gucci). Kijk eens naar de art-décogevel van het **Edentheater**, ontworpen door de Portugese architect Cassiano Branco (1937), waarin nu de **Virgin Megastore** en Hotel Orion zijn gevestigd. Deze fraaie laan komt uit op de **Praça de Pombal**, waar een monumentaal standbeeld van deze grote man staat.

14 Coliseu dos Recreios ★
Rua das Portas de Santo Antão 92-104.
☎ 3461997.

15 Sociedade de Geografia de Lisboa**★★**
Rua das Portas de Santo Antão 100.
☎ 3425401.
Ma, wo, vr 11.00-13.00, 15.00-17.00 uur.
Gratis toegang. Van tevoren inschrijven.

In de Rua das Portas de Santo Antão, een straat vol toeristische restaurants, valt één groot wit

gebouw onmiddellijk op. Het is het Coliseu, een voormalig theater dat nu voor evenementen wordt gebruikt. Ernaast bewaart de Geografische Vereniging van Lissabon angstvallig enkele schatten: een schilderij van de aankomst van Vasco da Gama in Indië, een pronkzaal ontworpen door Eiffel en kunstcollecties uit de voormalige Portugese koloniën

16 Praça Dom Pedro IV of Rossio ★★

Tot in de 18de eeuw werden op dit plein markten en stierengevechten gehouden, maar ook executies voltrokken. Lissabonners noemen het koppig Rossio. In het midden staat het standbeeld van Dom Pedro, vroeger koning van Portugal en Brazilië (eigenlijk is het van Maximiliaan van Mexico). U moet even stilstaan voor de **Tabaccaria Monaco** (op nr. 21): de *azulejos* op dit geveltje verbeelden dieren die lijken te zijn

weggelopen uit de fabels van La Fontaine. Het interieur heeft zijn art-décostijl bewaard.

Chic winkelen in Chiado

C hiado herrijst voor de tweede keer uit zijn as. De wijk werd na de ramp van 1755 herbouwd en werd gekenmerkt door deftige winkels en een artistieke sfeer. In 1988 werd de wijk door brand verwoest. Gelukkig hervindt hij, dankzij een zorgvuldige restauratie aan de hand van de 18de-eeuwse plannen, langzamerhand zijn vroegere sfeer.

❶ Praça Luís de Camões ★

Dit plein, dat grenst aan Bairro Alto, is een heerlijke plek om even uit te rusten in de schaduw van de parasol-dennen. Als u niet te veel wordt afgeleid door de heen en weer rijdende trams en hun geklingel, ziet u midden op het plein het beeld staan van de beroemde schrijver van *Os Lusíadas*. In juni is dit

plein dag en nacht vol drukte: historische reconstructies, concerten en volksdansen.

❷ Rua Garett ★★

Er staan aan het begin wel twee kerken, maar vergis u niet: deze autovrije straat is het winkelparadijs van Lissabon. Hier vindt u de grote internationale merken zij aan zij met de traditionele deftige winkels. Zeer moderne, uiterst luxeuze etalages

grenzen aan klassieke uitstallingen, zoals die van **Casa Pereira** (koffie en thee, zie blz.109) en **Paris em Lisboa** (linnengoed, zie blz.100).

❸ Museu do Chiado ★

Rua Serpa Pinto 4.
☎ **3432148.**
Wo-zo 10.00-18.00 uur, di 14.00-18.00 uur, ma gesl. Niet gratis.

De restauratie door de architect Jean-Michel Willmotte heeft dit oude klooster goed tot zijn recht laten komen. Hij heeft zelfs stenen ovens waarin de monniken hun brood bakten teruggebracht. De collecties van dit museum zijn gewijd aan de Portugese schilder-kunst uit de 19de eeuw en de zalen met beeldhouwkunst bevatten enkele werken van Rodin. Het museum

❹ A Brasileira ★★
Rua Garett 120.
☎ 3469541.
Dag. 8.00-2.00 uur.

Dit café ligt in het hart van de wijk waar de dichter Fernando Pessoa werd geboren. Op het terras is een standbeeld aan hem gewijd. Tot in de jaren vijftig kwamen hier schrijvers en kunstenaars en eind jaren zestig de tegenstanders van het regime van Salazar. Nog altijd is dit café een ontmoetingsplaats van schilders, designers en andere inwoners van de wijk. Hier wordt de sfeer bepaald door het art-nouveau-interieur en de gezellige drukte.

organiseert regelmatig tentoonstellingen van moderne kunst.

❺ Vista Alegre ★★
Largo do Chiado 28.
☎ 3461401.
**Ma-vr 9.30-19.00 uur,
za 9.00-13.00 uur.**

Deze porseleinfabriek, in 1824 in de buurt van Aveiro gesticht, is de beroemdste in Portugal. De stijl is nogal klassiek, maar er worden ook mooie moderne modellen gemaakt in de kleuren geel en blauw voor prijzen die veel betaalbaarder zijn dan die in

Limoges (1300$ voor een koffiekopje, 1900$ voor een ontbijtstel).

❻ Ruïnes van de Carmokerk ★
Largo do Carmo.
☎ 3460473.
Dag. beh. zo en feestdagen 10.00-13.00 en 14.00-17.00.

Dit was in 1755 de grootste kerk van Lissabon. Het schip is tijdens de mis ingestort en, vreemd genoeg, nooit herbouwd of gesloopt. Het is daarom tegenwoordig het enige zichtbare en ontroerende bewijs van de verschrikkingen van de aardbeving.

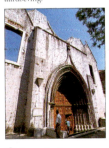

❼ Cervejaria Trinidade ★★★
Rua Nova da Trinidade 20.
☎ 3423506.
Dag. behalve ma en feestdagen 9.00-2.00 uur.

Een prettige plek voor een lunch of avondmaaltijd in

brasseriestijl. In de eerste zaal worden de visgerechten geserveerd. Hij is volledig bedekt met blauwgele *azulejos* die door Luís Ferreira (zie hieronder) zijn gemaakt en aan zijn lievelingsonderwerpen zijn gewijd. Neem als dessert de 'cocktail Molotov', de specialiteit van het huis, zeer calorierijk, maar verrukkelijk.

❽ 19DE-EEUWSE GEVEL MET *AZULEJOS* ★★
Largo Rafael Bordalo Pinheiro.

In de 19de eeuw werd de *azulejo* gebruikt voor de versiering van gevels van winkels, markten, stations en soms ook woonhuizen. De gevel aan de Largo Bordalo Pinheiro is er een voorbeeld van. Hij is van de hand van de beroemdste tegelmaker van zijn tijd, Luís Ferreira das Tabuletas. De stijl is naïef; de trompe-l'œil-figuren op een gele ondergrond verbeelden de elementen en de seizoenen.

Bairro Alto

dag en nacht

Bairro Alto leidt twee levens. Overdag is het een van de schilderachtigste wijken, met zijn steile straatjes, zijn gezellige *tascas* (bistro's) en werkplaatsen van ambachtslieden. Sinds kort is het ook de favoriete wijk van jonge stilisten en zitten er veel designwinkels. 's Nachts komt de wijk tot leven op het ritme van de bars, restaurants, fadoclubs en discotheken.

❶ Casa das Velas do Loreto ★★★
Rua do Loreto 53-55.
☎ 3425387.
Ma-vr 9.00-19.00 uur, za 9.00-13.00 uur.

De kaarsenfabriek van Loreto, gesticht op 14 juli 1789 (!), behoort sinds die tijd aan de familie Sà Pereira en werkt nog altijd volgens streng bewaarde geheime procédés. De vormen worden nog altijd met de hand gemaakt en de kaarsen ook. Een kunst op zich. De winkel is helemaal van hout. De klanten raken in vuur en vlam voor de bewerkte kaarsen, een specialiteit van het huis, of de drijf-kaarsen in de vorm van bloemen of bladeren. Van de eenvoudige honingkaarsen hebt u er aan één genoeg om een kamer heerlijk te laten ruiken.

❷ Lena Aires ★
Designwinkel.
Rua da Atalaia 96.
☎ 3461815.
Ma-za 14.00-18.00 uur.

Lena ontvangt u in haar psychedelische universum (glazen tafels op voeten van danseressen). Vooral de felle kleuren van de uitgestalde kledingstukken zijn opvallend: citroengeel, turkoois, anijsgroen. Lena maakt gebreide kleding van zijde. De japonnen, jasjes en blouses vallen soepel en accentueren de vrouwelijke vormen. Voor 25.000$ - 30.000$ bent u van succes verzekerd.

❸ Da Natura ★★
Rua da Rosa 162A.
☎ 3466081.
Ma-vr 11.00-19.00, za 11.00-13.30, 15.00-18.00 uur.

Een schitterend assortiment meubels en objecten uit de voormalige

koloniën van Portugal (India en Mozambique), maar ook bijvoorbeeld maskers uit Mali, tapijten uit Afghanistan en stoffen en totems van de Fiji-eilanden. Het geheel vormt een ware grot van Ali-Baba, vol schatten. De prijzen zijn navenant…

❹
Restaurant Pap'Açorda ★★★
Rua da Atalaia 57.
Ma-za 12.30-14.30 en 20.00-23.30 uur, zo gesl.

Dit is een van de meest trendy restaurants van Lissabon, waar beroemdheden met elkaar afspreken (men zegt dat Mario Soares hier vaak komt). U kunt kiezen tussen de barokzaal (roze muren, wandbekleding van groen velours, een kristallen kroonluchter) of de high-

techzaal (blauwachtige sfeer, halogeenlicht) en de specialiteit proeven: de *açorda*, een soort 'panade' op basis van brood, uien, koriander, eieren en vis. Heerlijk!

❺
Igreja de São Roque ★★★
Largo Trinidade Coelho.
☎ 3460361.
Dag. 8.30-17.00, feestdagen 8.30-13.00 uur.

Deze kerk is in 1525 door de jezuïeten gebouwd en maakte toen deel uit van het complex van het seminarium en het college. Er is nog maar een gedeelte van over, dat tegenwoordig als museum is ingericht. In de kerk wordt de kapel van Johannes de Doper beschouwd als een meesterwerk van de 18de-eeuwse Europese kunst. Hij werd in Rome gemaakt door meer dan 130 kunstenaars van kostbare materialen (lapis lazuli, amethist, ivoor, marmer), gedemonteerd en naar Lissabon overgebracht op drie schepen. Dat hij koning João V (1706-1750) een klein fortuin heeft gekost is duidelijk!

❻
Papel & Companhia ★★
Rua da Atalaia 114.
☎ 3469195.
Ma-wo 11.00-20.00, do-za 11.00-24.00 uur.

Van de vroegere drukkerij is alleen nog de achtermuur

❼
BELVEDÈRE VAN S. PEDRO A ALCÂNTARA ★★
Rua de S. Pedro a Alcântara.

❽
ELEVADOR DA GLORIA ★★
Calçada da Gloria.

De beste manier om de belvedère te bereiken is gebruik te maken van de funiculaire da Gloria die de Avenida da Liberdade met Bairro Alto verbindt (zie blz. 12). Kom aan het eind van de dag als het gouden avondlicht de stenen van het kasteel en de torens van de kathedraal verlicht.

over, die bedekt is met oude houten kasten, waarin de letters werden bewaard. Nu worden hier allerlei mooie dingen gemaakt van gerecycled papier in alle kleuren van de regenboog, met originele decoraties (pakpapier, fotoalbums, kleine boekjes, postpapier en wenskaarten).

Alfama:
het middeleeuwse Lissabon

D it is het historische hart van de stad, waar volgens historici *Olisipo* (het Romeinse Lissabon) lag en later de Arabische stad. Het is het enige deel van de stad dat de aardbeving heeft overleefd. Alfama is nog altijd een volkswijk van vissers en handwerkslieden.

❶ Chafariz d'El-Rei ★★
Largo do Terreiro do Trigo.

❷ Chafariz do Dentro ★
Largo do Chafariz do Dentro.

Dit zijn de twee enige bronnen in deze wijk die nog zichtbaar zijn. *Alfama* komt van het Arabische *al-hama*, 'warm-waterbron', want in deze wijk bevonden zich natuurlijke bronnen. Rond deze *chafariz* (bronnen) speelde zich het dagelijks leven in de wijk af. Aan de kant van de rivier lagen de graanpakhuizen, de leerlooierijen, de scheepswer-ven en de smidse, aan de kant van de heuvel de woningen van de vissers en handwerks-lieden. Er is weinig van over: de vrouwen maken er nog iets drinkbaars van, maar de bronnen worden verder nauwelijks meer gebruikt, ook al beschikken nog niet alle woningen over eigen badka-

mers en moet men zijn toe-vlucht nemen tot openbare badhuizen.

❸ Igreja Santo Estevão ★★
Largo de Santo Estevão.
Ma-za na 16.30 uur (in principe).

Deze 12de-eeuwse kerk werd verschillende malen verbouwd en bezit een achthoekige plattegrond die uniek is voor Lissabon. Het interieur is interessant vanwege het koor en het prachtige beeld van polychroom hout van Theresa van Avila in de sacristie.

WOORDENLIJST VOOR EEN WANDELING IN ALFAMA

De straatnamen alleen al nodigen uit tot een wandeling. Let op de volgende toevoegsels:
Beco (B. op de kaart): letterlijk 'bek', een erg bochtig en smal straatje (Beco das Cruzes, bijvoorbeeld);
Calçada of **calçadinha** (C. op de kaart): weg of kleine helling, vaak erg steil! (Calçada de S. Miguel);
Travessa (T. op de kaart): dwarsstraat, vaak uitsluitend voor voetgangers! (Travessa de S. Miguel);
Escadinhas (E. op de kaart): traptreden. Vergeet niet eerst diep adem te halen voor u aan de beklimming begint! (Escadinhas de S. Estevão);
Patio (P. op de kaart): plaatsje, meestal aan het eind van een doodlopende weg (Patio de Lajes).

4 Pateo 13 ★★
Calçadinha S. Estevao 13.
☎ 8882325.
Ma-vr 12.00-15.00, 19.00-24.00 uur.

Dit is een *tasca* (bistro) die kenmerkend is voor Alfama. Vanaf juni staat de barbecue buiten en kunt u er gegrilde sardines of andere vis proeven met een verse salade. De tafels

staan (soms een beetje schuin) op het plaatsje, wat het geheel alleen maar aantrekkelijker maakt.

5 Kapel Nostra Senhora dos Remédios ★
Rua dos Remédios.

Van het voormalige 15de-eeuwse vissersgilde, waarvan Vasco da Gama de prior was, is nog slechts een gedenkplaat over en een aan de Heilige Geest gewijde kapel. U kunt nu alleen maar het portaal bewonderen, want hij wordt gerestaureerd.

6 Rua da Judiaria ★

Dit is de laatste herinnering aan de 14de-eeuwse joodse wijk. Elke avond ging de poort dicht en werd de *Judiaria* (het getto) afgesloten om contact met de christenen te verhinderen. In 1496 schafte Manuel I dit systeem af.

7 Igreja en Largo de S. Miguel ★★★
De twee witte klokkentorens die zich naar de hemel uitstrekken, geven de S. Miguelkerk een fraai aanzien. Hij is in de 12de eeuw gebouwd, in 1674 herbouwd en liep bij de aardbeving nauwelijks enige schade op (zie blz. 24).

Het S. Miguelplein krijgt bij het vallen van de avond een betoverende sfeer.

8 Restaurant Malmequer Bemmequer ★★
Rua de S. Miguel 25.
☎ 8876535.
Di avond-zo, 12.00-15.30, 19.00-22.30 uur.

In een mooie ruimte met witgekalkte muren, versierd met gele en blauwe sjabloonmotieven, op twee passen afstand van de S. Miguelkerk, ligt restaurant Malmequer Bemmequer, waar u op adem kunt komen bij een echt Portugese maaltijd.

Belém: de oceaanhaven

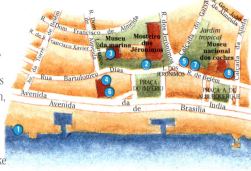

Belém, Portugees voor Bethlehem, was het zeevarend hart van Lissabon. Hier vonden de afvaarten en roemrijke aankomsten plaats van de karvelen. Deze wijk blijft een bijzondere plaats innemen in de geschiedenis van de ontdekkingsreizigers die op zoek gingen naar de Nieuwe Wereld.

❶ Torre de Belém ★★
Av. de Brasília.
☎ 3620034.
Dag. beh. ma. 10.00-17.00 uur (okt.-april), 10.00-18.00 uur (mei-sept.).
Niet gratis.

Toen Lissabon een verplichte etappe werd op de internationale handelsroutes, ontstond de noodzaak een verdedigingstoren op te richten. De werkzaamheden, onder leiding van Diogo Boitac, architect van de Jerónimos, waren in 1520 voltooid. Alles aan dit monument herinnert aan de Gouden Eeuw van de ontdekkingsreizen: dikke gevlochten touwen rondom, armillairsferen, schilden met het Christuskruis en exotische dieren (let op de neushoorn).

❷ Mosteiro dos Jerónimos ★★★ en Igreja Santa Maria ★★★
Praça do Império.
☎ 3620034.
Dag. beh. ma 10.00-17.00 uur (okt.-april), 10.00-18.30 uur (mei-sept.).
Kloostergang niet gratis, kerk gratis toegang.

Dit klooster is in opdracht van Manuel I (1495-1521) gebouwd op de plaats van de kapel van de Maagd van Bethlehem, waar de zeelieden hun gebeden zeiden. Het is alleen al groots door zijn afmetingen (de gevel is 300 m breed), de lange duur van de bouw (150 jaar) en wat het heeft gekost

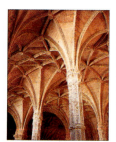

(5 procent van de jaarlijkse opbrengst van de buitenlandse handel, dat was toen 70 kg goud). Het klooster is toevertrouwd aan de monniken van Sint Hieronymus, die moeten bidden voor de koning en de zeelieden. Binnen ziet u de grafmonumenten van Vasco da Gama en Luís de Camões, een prachtig gewelf en met bladmotieven versierde zuilen. De kloostergangen, de refter en de koorstoelen boven zijn fraaie staaltjes van de Manuelstijl.

❸ Museu da marina ★★
Praça do Império.
☎ 3620010.
Dag. beh. ma 10.00-17.00 uur. Niet gratis.

staat meteen oog in oog
met de infante Dom
Henrique en een
reusachtige kaart
van de ontdek-
kingsreizen en
plakt zo direct in
de sfeer.
Navigatie-
instrumenten,
kaarten en

scheepsmodellen
nemen u mee op
het grote avontuur
van de Portugese
veroveringen. In de winkel
kunt u reproducties van
kaarten kopen (2000-3000$),
16de-eeuwse astrolabia
(3.000$), karvelen in
dessen (3000-9000$)
als bouwpakket
(10.000$).

4 Centro Cultural
de Belém *
Praça do Império.
☎ 3612400.
Dag. 11.00-20.00 uur.

Het centrum is gebouwd voor
zes maanden van het
Portugese voorzitterschap van
de Europese Unie en lijkt
van buiten op een enorme
casba. Het huisvest ook het
congresgebouw, een van de
beste toneelzalen van
Lissabon en enkele winkels.
Geniet van het schitterende
uitzicht vanaf het terras,

terwijl u een glas drinkt
in het café of dineert in
restaurant
A Comenda.

5 Especiarias
finas *
**Largo dos
Jerónimos 4.**
☎ 3623377.
**Dag. 10.00-
18.00 uur.**

Een winkel voor
liefhebbers van
Portugese kunstnij-
verheid: geborduurde
tafelkleden uit Madeira of het
noorden (2 x 2 m met 6 servetten: 25.000$), aardewerk uit de
Alentejo (2000 tot 12.000$) en
met de hand beschilderde
azulejos (14.500$ voor een
tegeltableau van zes tegels).
Bezorging in heel Europa
(15 procent extra).

6 Kà, objectos
com alma ***
C.C.B. Praça do Império.
☎ 3648237.
Dag. 11.00-20.00 uur.

Wat maken jonge Portugese
kunstenaars verrassend originele dingen! In deze winkel
vindt u moderne objecten van
glas, van hout of keramiek
tegen alleszins redelijke prijzen: bladen, borden, glazen,
vazen, schaakspelen, beelden,
tapijten en moderne *azulejos*.

7 ANTIGA
PASTELARIA DE
BELÉM ***
Rua Belém 84.
☎ 3637423.
Dag. 8.00-20.30 uur.

Dit mag u vooral niet
missen! De befaamde
pasteis van Belém liggen
hier vers op de bakplaat, ze
zijn precies goed en
smaken warm, bestrooid
met kaneel en suiker, het
lekkerst. Eet ze in een van
de met *azulejos* bedekte
ruimten. Op zondag staat er
een hele rij mensen te
wachten in een
gezellige sfeer.

8 Museu nacional
dos coches***
Praça Afonso Albuquerque.
**Dag. beh. ma 10.00-17.30
uur. Niet gratis.**

Dit kleine museum is uniek in
zijn soort en toont een schitterende collectie koninklijke
rijtuigen uit de 16de-19de
eeuw. In een voormalige
manege staan meer dan 70
koetsen opgesteld, waaronder
de trouwkoetsen van Filips II
en de koets van de ambassa-
deur van de paus.

Het Castelo of de versterkte stad

Castelo de São Jorge

Het gekanteelde silhouet van het kasteel verheft zich te midden van de bomen en beheerst geheel Baixa. Van het oorspronkelijke kasteel zijn nog slechts enkele torens over, maar u zult er geen spijt van hebben dat u deze heuvel hebt beklommen, waar u ook de versterkte kathedraal aantreft, de oude wijk Santa Cruz en talloze *miradouros*.

❶ Igreja de S. António en museum ★

Largo de S. António da Sé.
☎ 8860447.
Kerk: dag. 9.00-17.00 uur.
Museum: di-zo 10.00-13.00,
14.00-16.00 uur. Niet gratis.

Deze kerk is gebouwd op plaats van het geboortehuis van de Heilige Antonius. Hij bevat het beeld dat in processie door de straten van Alfama wordt gedragen tijdens zijn feest (zie blz. 30). In het museum ziet u documenten over Antonius en zijn leven.

❷ Sé Patriarcal ★★

Largo da Sé.
Dag. 9.00-17.00 uur.
Toegang gratis.

De kathedraal wordt *Sé* genoemd, een afkorting van *Sedes episcopales*, omdat de bisschop er zetelt. Koning Dom Afonso Henriques (1128-1185), stichter van de staat Portugal, gaf kort na de verovering van Lissabon opdracht tot de bouw van een christelijke kerk op de plaats van de oude moskee. De kathedraal heeft veel verbouwingen ondergaan, maar bezit nog wel de 12de-eeuwse romaanse torens. Het interieur is sober, bijna leeg,

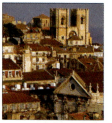

afgezien van de doopvont waar de Heilige Antonius zou zijn gedoopt, en de graftombe van de Heilige Vincentius, patroonheilige van de stad.

❸ Museu de Artes Decorativas ★★★

Largo das Portas do Sol 2.
☎ 8862183.
Dag. 10.00-17.00 uur, di gesl. Niet gratis.

Het museum is gevestigd in het voormalige paleis van de graven van Azurara, dat in 1947 door Ricardo Espírito Santo Silva werd gekocht. Deze Portugese bankier en mecenas restaureerde het in de stijl van een aristocratisch woonhuis en richtte het in met zijn kunstverzameling. bezoekt dus een echt 18de-eeuws paleis, met lambriseringen van *azulejos* en beschilderde plafonds, ingericht met prachtige indo-Portugese meubels, tapijten van Arraiolos uit de 17de-18de eeuw en Chinees porselein. In werkelijkheid heeft het museum tot doel de decoratieve kunsten in hun traditionele technieken te bewaren. Er zijn daartoe werkplaatsen, bijvoorbeeld een boekbinderij.

❹ Castelo São Jorge ★★★
Costa do Castelo.

Volgens de legende waren het de Romeinen die de eerste stenen voor het kasteel São Jorge legden. Vervolgens kozen Visigoten en moren deze strategische plek om er hun fort te bouwen. In 1147 veroverde Afonso Henriques Lissabon en verbouwde het moorse kasteel tot een koninklijk paleis. Nadat het hof onder Manuel I (1495-1521) naar de oevers van de Taag was verplaatst, raakte het kasteel in verval. Later diende het als militair kwartier en als gevangenis. Tegenwoordig is er van het paleis van Afonso niet meer over dan een zaal met gotische bogen en de wachttorens. Van het voorplein en de weergang hebt u een prachtig uitzicht op Lissabon, wat u het beste 's ochtends kunt fotograferen.

❺ Cerca Moura ★
Largo das Portas do Sol, Loja 4.
☎ 8874859.
Dag. 22.00-2.00 uur, zo gesl.

Een bar met enkele tafeltjes naast de *miradouro* Portas do Sol: hier kunt u de inwendige mens versterken met uitzicht op het klooster van de Heilige Vincentius en de witte koepel van de Santa Engrácia. U zit hier onder het wakend oog van een Sint-Vincentius van steen met in zijn handen een door twee raven omcirkeld schip. De dagschotel is altijd goed en biedt de beste prijs-kwaliteit-verhouding van de kaart.

❻ Antiga Casa do Castelo ★★★
Rua Santa Cruz do Castelo 15. ☎ 8880508.
Dag. 10.00-19.00 uur.

Een leuke kunstnijverheidwinkel in de fraaie wijk Santa Cruz do Castelo. Marsha, een altijd lachende Amerikaanse, zal u met veel liefde allerlei verschillende voorbeelden van Portugese

❼ MIRADOURO DE SANTA LUZIA ★★★
Largo de Santa Luzia.

Tegenover de Santa Luzia-kerk strekt zich een mooie tuin uit. Onder de arcaden betwisten kaartspelers elkaar de winst en trekken zich niets van de langsslenterende toeristen aan. Van de belvédère kijkt u uit over de daken van Alfama op de witte torens van de S. Miguelkerk en de Zee van Stro (een bijnaam die aan de Taag wordt gegeven vanwege de goudgele reflectie van de zon op het water).

kunstnijverheid laten zien. Ze kiest ze zelf met smaak uit in de verschillende streken van het land: aardewerk en poppen uit Estremoz, spiegels met *azulejos*, keramiek uit de Alentejo, ecru linnen en katoen: alles is hier verkrijgbaar. U vindt hier ook een ongelooflijke hoeveelheid souvenirs voor lage prijzen (minder dan 2000$).

De Gulbenkian-stichting en de avenidas:
een ander Lissabon

Ver verwijderd van de krioelende menigte in Baixa ontrolt zich langs de brede *avenidas* met hun onpersoonlijke bouwstijl een geheel ander Lissabon. Deze *avenidas novas* zijn aan het eind van de 19de eeuw aangelegd. Ontdek het Eduardo VII-park, bezoek de Gulbenkian-stichting of slenter langs de mooie etalages van de Avenida de Roma.

❶ Eduardo VII-park ★★

Dit park, dat in 1903 ter ere van een bezoek van de Engelse koning Edward VII een nieuwe naam kreeg, vormt in het hart van de stad een groengebied van meer dan 400.000 m². In de zomer zult u de *estufa fria* (koude serre) waarderen, een koele oase met fonteinen en exotische planten, maar ga

ook kijken naar de rotstuinen en de cactussen in de *estufa quente* (warme serre).

❷ Stichting Calouste Gulbenkian ★★★
Av. da Berna 45.
☎ 7950236.
Dag 10.00-17.00 uur, ma en feestdagen gesl. Niet gratis, beh. zo.

U mag de Egyptische beeldjes, de verluchte middeleeuwse handschriften, de ivoren triptieken uit de 14de eeuw en de meesters (Ghirlandaio, Rembrandt, Monet) niet missen, noch de buitengewone edelstenenzaal van Lalique. Bewonder de collectie Perzische tapijten, de glazen moskeelampen, het Chinese porselein en de Japanse prenten. Vergeet ook vooral

niet door het park te wandelen langs de beelden van Rodin en Moore.

❸ Palácio das Gaveias ★
Campo Pequeno.
☎ 7971326.
Bibliotheek: ma-vr 9.00-19.00 uur, za 11.00-17.00 uur.

Tussen Campo Pequeno en de Avenida de Roma eist een roze gebouw de aandacht op. Het is het Palácio das Gaveias, een typisch 18de-eeuws Portugees paleis. Vroeger was het particulier bezit, maar nu is de gemeentelijke bibliotheek erin gevestigd.

❹ Praça de Touros ★
Campo Pequeno.
☎ 7936601.
Mei-sept.

Steenkleurige koepels
verrijzen boven Campo
Pequeno: hier bevindt zich de
arena van Lissabon. Hij is in
1892 gebouwd en is een
imitatie van de moorse stijl
met zijn symbolische
attributen. Vanaf mei kunt u
hier *touradas* bijwonen
(zie blz. 31).

❺ Avenida de Roma ★★

De Avenida de Roma is de
favoriete winkelstraat van de
Lissabonners. Op het eerste
gezicht zult u weinig
begrijpen van de voorkeur
voor deze wat brede straat
met zijn onpersoonlijke
gevels en zeer onopvallende
etalages. Al wandelend zult u

Bij wat nauwkeuriger toezien
kunt u hier de werken van
Portugese designers
ontdekken (**Ana Salazar** op
nr. 16E, **Fátima Lopes** op
nr. 44E; zie blz. 86) en de
fraaie winkels voor
woninginrichting (**Étamine**
op nr. 42C, zie blz. 104) en
linnengoed (**Auri** op nr. 36B,
zie blz. 100).

❻ Museum voor moderne kunst Calouste Gulbenkian ★★
Rua Dr. Nicolau Bettencourt.
☎ 7935131.
Dag. 10.00-17.00 uur
(1 juni-30 sept.: wo, zo
14.00-19.30 uur), ma en
feestd. gesl. Niet gratis.

De Gulbenkian-stichting heeft
in 1983 een centrum voor
moderne kunst opgericht met

MENEER VIJF PROCENT

Het leven van de in
Turkije geboren
Calouste Gulbenkian was
niet alledaags. Als kind al
gebruikte hij zijn zakgeld
om op markten zeldzame
stukken te kopen. Die gave
heeft hij behouden. Als
zoon van een Armeens
koopman gaf hij al snel
blijk van een groot gevoel
voor zaken. In 1920, na de
ontdekking van de
olievelden in Irak, verwierf
hij een commissie van vijf
procent over de toekomstige
opbrengst. Bingo! 'Meneer
vijf procent' bezat al
spoedig een enorm fortuin.
Nog voor zijn veertigste kon
hij zich wijden aan zijn
aloude liefde, de kunst. Hij
trok de wereld door en was
een nagel aan de doodskist
van veel kunsthandelaren.
Hij overreedde de Russen de
rijkdommen van de
Hermitage af te staan. Hij
hield vooral van Perzische
kunst, Chinees porselein en
westerse schilderkunst. Tot
1942 woonde hij in Parijs,
waarna hij zich in Lissabon
vestigde, waar hij in 1955
stierf. Hij legateerde zijn
kunstcollectie aan de staat.

als doel de oorspronkelijke
collecties aan te vullen.
Behalve van Viera da Silva,
Mario Eloy of Almada
Negreiros vindt u ook
internationale meester-
werken (Sonia en Robert
Delaunay). De stichting wil
jong talent aanmoedigen en
u ziet hier dan ook werken
van Rui Chafes en Pedro
Proença.

Príncipe Real:
voor elk wat wils

Begin 15de eeuw was het terrein van het huidige plein Príncipe Real eigendom van de markies van Alegrete die er een groot paleis wilde bouwen. Later kwam de grond in handen van de jezuïeten die er een klooster wilden neerzitten, waarna het in beslag werd genomen om er een militair kamp op te slaan. Ten slotte kreeg het terrein in de 19de eeuw zijn bestemming als monumentaal plein. Het plein dat in 1853 gereed kwam, had echter bescheiden afmetingen.

❶ Praça do Príncipe Real ★★

De Praça do Príncipe Real is nauwelijks veranderd sinds de vorige eeuw, met zijn stalen muziektent en reusachtige *Cupressus lusitanica*. Dit is de grootste boom van Europa (25 m omtrek). Profiteer van de koelte van zijn schaduw en geniet van de mooie gevels van de paleizen langs het plein, waar tegenwoordig verenigingen en ministeries in zijn gehuisvest: met name het Palacete Anjos (de koopliedenfamilie) op nrs. 20/22, en het Paleis van de Comendador Faria (de bankier) op nrs. 2/4, een van de eerste gebouwen in de stad met een hydraulische lift.

❷ Pavilhão Cinês ★★★
Rua Dom Pedro V 89.
☎ 3424729.
Dag. 18.00-2.00 uur.

Een uitstekende plek om een glas te drinken na een vermoeiende wandeling. Verschillende vertrekken met steenkleurige muren die vol staan met vitrines met Chinees porselein, tinnen soldaatjes, elektrische treintjes en helmen van allerlei legers en perioden. U zult de comfortabele banken en mooie ingelegde tafels waarderen. Om de kaart te lezen, moet u de tijd nemen;

u hebt de keus uit warme dranken (veel soorten thee), heerlijke zelfgemaakte cocktails en allerlei andere dranken met en zonder alcohol. Als u een beetje trek hebt, kunt u zelfs een *torrada* (gegrilde, beboterde toast) bestellen.

❸ Xairel Antiguidades ★
Rua Dom Pedro V 111.
☎ 3460266.
Ma-vr 10.00-19.00, za 10.00-13.00 uur.

Anders dan de luxeeuze etalages van de antiquairs aan de overkant, gaat Xairel door voor een echt zootje ongeregeld; 16deeeuwse *azulejos* (3000$ per tegel), heiligen- en boeddhabeelden, een oud hobbelpaard, Chinees porselein. Als u hier niet vindt wat u zoekt, ga dan ook eens kijken bij **Carvalho & Gil**, Rua da Escola Politécnica 31-33, ☎ 3469417, dag. 9.00-19.00 uur, za 9.00-13.00 uur, of bij **Quintela & Andrade**, nr. 39, ☎ 3424964, dag. 10.00-19.00, za 11.00-13.00 uur.

❹ A Cortiça ★
Rua da Escola Politécnica 4.
Ma-vr 10.00-13.00, 15.00-19.00, za 10.00-13.00 uur.

Wat is elastisch, drijft, is hitte- en warmtebestendig, groeit op bomen en is typisch Portugees? Nou? *Cortiça* (kurk), natuurlijk! Portugal is een van de grootste kurkproducenten ter wereld (tweederde van de kurkproductie) dankzij de kurkeiken in de Alentejo. Ga deze wat ouderwetse, wat muf ruikende winkel binnen om te ontdekken wat men allemaal kan maken van dit natuurlijke materiaal dat van alle markten thuis is.

❺ Casa dos Tapetes de Arraiolos ★★★
Rua da Imprensa Nacional 116E.
☎ 3963354.
Ma-vr 9.30-13.00, 15.00-19.00 uur, za 9.30-13.00 uur.

De tapijten van Arraiolos, geïnspireerd op de oude Perzische tapijten, werden gemaakt door Arabieren die eind 15de eeuw uit de *mouraria* van Lissabon werden verdreven en zich in de Alentejo (in Arraiolos) vestigden. Ze werden met kruissteek gemaakt van draadjes wol op een stramien van linnen of jute en zien er meer uit als wandtapijten dan als vloerkleden. Hun Arabische oorsprong schrijft een strikte ordening van de motieven voor: een medaillon in het midden (*centro*) dat totaal verschilt van

de rest, een hoofddeel (*campo*) en een rand (*barra*). Blauw, okergeel, groen en roestbruin zijn de overheersende kleuren. Er zijn drie tot zes maanden nodig om een tapijt te maken.

❻ Praça das Flores ★★
Laat u door de helling meevoeren en daal langzaam de Rua S. Marçal af. Hij is wat steil, maar u zult niet worden

teleurgesteld, want hij komt uit op een van de mooiste pleinen van Lissabon: de Praça das Flores. U waant zich meteen in een rustig dorpje waar de tijd heeft stilgestaan: men drinkt wat op een bankje, leest een krant en kijkt naar de kleine fontein terwijl men naar de kinderen op de schommels luistert.

São Bento en Estrela:
een bevlogen wijk

Sinds de 16de eeuw hebben zich vele religieuze orden gevestigd tussen Estrela en São Bento. Op 28 mei 1834 veranderde hun leven ingrijpend: een door koning Pedro IV getekende wet verbood alle kerkelijke orden. De geestelijken werden verdreven, hun goederen bij opbod verkocht en de kloosters verbouwd tot openbare gebouwen. De wijk is tegenwoordig een paradijs vol kunstnijverheid en antiek.

❶ Basílica de Estrela ✶✶✶ en ❷ Jardim de Estrela ✶✶
Praça da Estrela.

Koningin Maria I (1777-1816) gaf opdracht een grote basiliek te bouwen, gewijd aan de Maagd Maria om haar te bedanken omdat zij haar een zoon had gegeven. De werkzaamheden duurden meer dan vijftien jaar en het enorme gebouw zou getuigen van de uitgesproken voorkeur van de koningin voor de barokke stijl. Binnen kunt u haar graftombe zien. Als u behoefte krijgt aan wat frisse lucht, moet u een ommetje maken in de tuin van Estrela ertegenover.

Loop naar de *coreto*, een metalen muziektent waarin vroeger volksmuziek werd gespeeld en afspraakjes werden gemaakt.

❸ Palácio da Assembleia Nacional de São Bento ✶

Deze voormalige benedictijner abdij uit de 16de eeuw is in de 19de eeuw tot Parlement verbouwd, toen de orde werd ontbonden. Een neoklassiek gebouw zonder veel charme is jammer genoeg in de plaats van het oude gebouw gekomen. Er zit nog steeds het Palácio da Assembleia Nacional (de kamer van afgevaardigden) in.

❹ São Bento 34 ✶✶
Rua de S. Bento 33.
☎ 3951540.

Ga binnen bij deze boekwinkel, ook als u geen boeken wilt kopen. U treft er namelijk ook een sympathieke galerie met

exposities gewijd aan keramiek, fotografie en schilderkunst, en een aardige theesalon. De bakstenen muren en natuurstenen gewelven doen denken aan een oud klooster… Wie weet? Het is in ieder geval een prettig oord om een klein hapje te eten: salades, hartige taarten, vers gemaakte desserts en zuivere vruchtensappen. Een volledig menu kost niet meer dan 1500$.

❺ Rua de São Bento ★★

De Rua de São Bento is lang en loopt steil omhoog, langs het Parlement naar te Largo do Rato. Haal diep adem als u alle werkplaatsen van handwerkslieden (houten objecten) wilt bekijken en de uitdragerijen en antiquairs die hier zij aan zij liggen niet wilt missen. Voor liefhebbers van oude spullen: **Canapé**, nrs. 293-308, ☎ 3972839, ma-vr 10.00-13.00, 15.00-19.00 uur, za 10.00-13.00 uur. Voor fans van de *thirties*: **Nobre**, nrs. 224 en 386/388, ☎ 3961227, ma-vr 10.00-13.00, 15.00-19.00 uur,

za 10.00-13.00 uur.
Voor wie van snuffelen houdt: **Brique à Braque de S. Bento**, nr. 542, ☎ 607001, ma-vr 10.00-13.30, 14.30-19.00 uur, za 10.00-13.00 uur. En om het oog te strelen: **Ricardo Hogan**, nr. 281, ☎ 3954102, ma-vr 10.30-13.00, 15.00-19.00 uur, za 11.00-13.00 uur.

❻ Depósito da Marinha Grande ★★
Rua de S. Bento 418 en 420.
☎ 3963096.
Ma-vr 9.00-13.00, 15.00-19.00, za 9.00-13.00 uur.

Glas in alle soorten en maten: gepolijst, mat, gekleurd, bewerkt. De twee winkels van Depósito da Marinha Grande zijn van de fabriek Vidrívima uit Marinha Grande (100 km ten noorden van Lissabon) waar al meer dan honderd jaar een traditie van glasblazers bestaat. In de eerste winkel vindt u de blauwe cocktailset van uw dromen, stijl *Elle Décoration* (400-600$ per glas), mooie matglazen kandelaars (800-1000$ per

stuk) en allerlei andere voorwerpen die gemakkelijk zijn mee te nemen. In de tweede winkel wordt u overrompeld door unieke stukken van Portugese glaskunstenaars: originele vormen en levendige kleuren (ten minste 12.000-15.000$).

❼ Casa de Nossa Senhora do Amparo (As Vicentinas) ★★★
Rua de S. Bento 700.
☎ 3887040.
Winkel: ma-vr 9.00-13.00, 15.00-19.00 uur.
Theesalon: ma-vr 16.30-19.00 uur.

Van buiten is niet te zien wat achter deze etalage met religieuze objecten schuilgaat. Elke argeloze wandelaar zal zijn weg vervolgen en denken dat het om een klooster gaat. En dat is ook zo! Toch beginnen zich rond het middaguur ingewijden voor de deur te verzamelen. Wachten ze op een mis? Op een bepaalde manier wel: om 16.30 uur gaat namelijk de theesalon van *Vicentinas* open. Dit is echt een oord waar aardse en hemelse geneugten samengaan, want, zoals iedereen weet, de nonnen maken overheerlijk gebak, werkelijk goddelijk! Een wijze raad: kom niet te laat, want de voorraad is helaas beperkt.

Lapa:
luxe, rust en overdaad

'Mocambo', de voormalige 17de-eeuwse zwarte wijk, is niet alleen van naam, maar ook van sociale structuur veranderd. In de 19de eeuw zochten de welgestelde Engelsen in Lissabon een rustige plek om zich terug te trekken en hier, op enige afstand van het centrum, bouwden ze hun *palácios*. Later vestigde de Portugese burgerij zich hier.

❶ Museu Nacional da Arte Antigua ★★★

Rua das Janelas Verdes 9.
☎ 3964151.
Wo-zo 10.00-17.00, di 14.00-17.00 uur, ma gesl. Niet gratis.

Het is haast onmogelijk om deze indrukwekkende strogele gevel met enorme groene luiken te missen. Het *palácio* van de graven van Alvor, beter bekend onder de naam Palácio das Janelas Verdes (Groene vensters), huisvest de mooiste kunstcollectie van het land. Ondanks de vele buitenlandse en Portugese kunstwerken die deze omvat (Tiepolo, Dürer, Poussin, Zurbaran), dankt het museum zijn naam vooral aan twee beroemde schilderijen; *De polyptiek van Sint-Vincentius*, rond 1460 geschilderd door Nuno Gonçalves, waarop belangrijke figuren uit de tijd van de ontdekkingsreizen staan afgebeeld, en *De beproeving van de H. Antonius* door Jeroen

Bosch (1505), een intrigerende surrealistische triptiek. De karikaturale figuren en de veelheid aan symbolische details slepen u een esotherisch universum binnen, waaruit u zich maar moeilijk weer kunt losmaken. Daarna, als u helemaal verzadigd bent door het geestelijk voedsel, moet u naar **Café d'Arte** gaan, op de begane grond aan de kant van de rivier; in de tuin is het 's zomers heerlijk toeven.

❷ Huis van de graaf van Sacavém ★

Rua do Sacramento à Lapa.

Onder invloed van de karikaturist Rafael Bordalo Pinheiro ontwikkelde zich eind 19de eeuw de mode van de *azulejos* in reliëf met naturalistische decoratieve elementen (bloemen,

vruchten, bladeren). Ga eens kijken in het huis van de graaf van Sacavém, een van de mooiste voorbeelden van deze overdadige stijl. Op de gevel ziet u dwars door elkaar: manuelijns touwwerk, traditionele *azulejos* en tegels in de vorm van druiven of appels. Matig u bij het kijken!

❸ Sítio do Pica-Pau ★
Rua dos Remédios à Lapa 61.
☎ 3978267.
Ma-vr 10.00-20.00 uur, za, zo en feestdagen gesl.

Dit is een van de leukste terrassen van Lissabon om een hapje tussendoor te eten. Halverwege de trappen van de Rua dos Remédios zult u de rust van

deze weinige tafels wel kunnen waarderen. Bovendien hebt u uitzicht op de Taag. Het eten is vers bereid (mevrouw zelf staat achter het fornuis) en bestaat uit schotels als *bife a portuguesa* of de *prato do dia*. Niets gaat echter boven de *salada da casa*, een overvloedige en gevarieerde salade.

❹ Companhia Inglesa ★★
Rua da Bela Vista à Lapa 88.
☎ 3961977.
Ma-vr 10.30-19.30, za 13.30-19.30 uur.

De houten meubels zijn prachtig in hun eenvoud, maar wat zwaar om mee te nemen. U zult echter toch snel door deze winkel gewonnen: natureltinten, eenvoudige objecten, met andere woorden, geen flauwekul, maar goede smaak in de zuiverste vorm. Laat u verleiden door de kleurige vierkante borden, de placemats, de stoffen bloemen, de eenvoudige lijsten, tenen manden, de beschilderde houten dienbladen, alles voor lage prijzen.

❺ Aconchego ★★
Travessa St. António Santos 26A.
☎ 607027.

Ma-vr 10.00-13.00, 15.00-19.00, za 10.00-13.00 uur (15 juni-15 sept. za gesl.).

Deze stoffenwinkel is enig in zijn soort. Het is de enige waar u de wondermooie chintz uit Alcobaça kunt kopen. In de 16de eeuw brachten de schepen uit Indië dure stoffen mee in schitterende kleuren (*chints*). In de 18de eeuw begon men deze glanzende, stevige katoen zelf te maken in Alcobaça. De fabriek is nu helaas gesloten, maar er is nog een werkplaats waar de traditie wordt voortgezet. Reken voor gordijnen tweemaal de benodigde hoogte (2400$ per meter van 1,50 m breed). Voor een vierkant tafelkleed (1 x 1 m) hebt u 1,5 m stof nodig. Een kant-en-klaar tafelkleed kost 3000$.

❻ Telefoneren op zijn Engels

Begin deze eeuw waren het openbaar vervoer en de telefoondienst in Lissabon nog in handen van de Engelsen. De bussen waren dubbeldekkers 'made in England'; de eerste telefooncellen waren rood en hadden een erg Britse allure. In Lapa kunt u er nog een aantreffen op de Largo Dr. J. Figueiredo.

Campo de Ourique en Amoreiras

Al heel lang is deze wijk gespecialiseerd in de *panificação* (broodbakken) en er zitten nog altijd veel ambachtelijke bakkerijen. Tegenwoordig is het een volkswijk waar een traditionele handelsgeest tot uiting komt in kleine winkels. Op twee passen daarvandaan ligt het hypermoderne winkelcentrum van Amoreiras, dat een heel andere manier van winkelen mogelijk maakt, meer 'trendy', maar veel minder authentiek.

❶ Stop do Bairro ★★

Rua Tenente Ferreira Durão 55A.
☎ **3888856.**

De *tasquinha* bij uitstek! Deze kleine bistro is al twintig jaar lang bekend in de wijk. Sr. João ontvangt u alsof hij u al jaren kent en zal u vast en zeker een van zijn grappen vertellen. Het maakt niet uit dat u er geen woord van verstaat, want deze zaak is zo oorspronkelijk als maar kan en de keuken is uitstekend. De *arroz de tamboril* (zeeduivel) en de *pato à antiga*

hebben deze gelegenheid beroemd gemaakt. Proef deze gerechten, maar bestel dan wel een *meia dose* (ook al ruim bemeten): u hebt dan een verrukkelijke avondmaaltijd voor minder dan 2000$ per persoon.

❷ Casa en Restaurant Fernando Pessoa ★★★

Rua Coelho Rocha 16/18.
☎ **3968190 (museum), 3971179 (restaurant).**
Museum: ma-za 10.00-18.00, do 13.00-20.00 uur (gratis toegang); rest.: ma-za 10.00-24.00 uur.

Dit was het laatste huis van Fernando Pessoa (1888-1935), de

grote schrijver uit Lissabon. Hier huurde hij de vijftien laatste jaren van zijn leven een kamertje. Het gebouw is volledig gerenoveerd en huisvest tegenwoordig enkele persoonlijke voorwerpen van Pessoa (bril, manuscripten, agenda), een bibliotheek en een poëzievereniging. In de kamer waar de dichter zijn laatste jaren doorbracht, zult u worden achtervolgd door

spoken van de helden uit zijn boeken die eeuwig door Lissabon dwalen. Op de binnenplaats kunt u in de openlucht lunchen in een van poëzie doortrokken sfeer: een simpel menu met een dagschotel en enkele specialiteiten (*bife à Fernando Pessoa*) en een vers bereid dessertbuffet: alles voor minder dan 1500$ per persoon.

❸ Loja das Viagens ★★
Rua Correia Teles 29.
☎ 3889942.
Ma-vr 11.00-12.30, 13.30-19.00 uur.

Hier kunt u in minder dan 80 seconden een wereldreis maken! In deze winkel hangt nog iets van de geest van de Portugese ont- dekkings- reizigers die vertrokken om de wereld te ontdekken: Mexicaanse meubels, Aziatische weefsels en kunstnijverheid uit zo'n beetje de hele wereld. Mooie kleraden (2500$ voor een halsketting), kleine potjes met ezels of exotische kruiden (minder dan 3000$), strooien hoeden (650$), Polynesische rokjes of pareo's (950$) en allerlei andere gekke dingen.

❹ Winkelcentrum van Amoreiras ★★★
, Duarte Pacheco.
☎ 3810200.
a-zo 10.00-23.00 uur.

Op de top van de *Sétima Colina* (zevende heuvel) verheft zich het imposante winkelcentrum van Amoreiras in een futuristische bouwstijl. Het is in 1983 gebouwd volgens het ontwerp van de Portugese architect Tomás Taveira en was tot de komst van het reusachtige winkelcentrum Colombo het grootste van het land. Het is nog altijd een paradijs op het gebied van het moderne winkelen: dag en nacht, zeven dagen per week vindt u hier het volledige arsenaal aan internationale merken.

❺ Aqueduto das Águas Livres ★
Reservoir en restaurant Mae d'Água ★.
Trav. das Amoreiras 10.
☎ 3882820.
Dag. 12.00-2.00 uur.

Het *aqueduto* en het reservoir Mae d'Água, die in 1834 werden voltooid na meer dan 100 jaar werk, voorzien sindsdien de stad van zoet water. Tegenwoordig is het aquaduct slechts enkele dagen per jaar voor het publiek geopend, maar het reservoir Mae d'Água is toegankelijk en bevat bovenin een mooi bar- restaurant, vanwaar het uit- zicht op de stad bij het vallen van de avond onovertroffen is.

NOG MEER OVER WONING- INRICHTING

Als u het schaakbord van de straten in Campo de Ourique doorkruist, ontdekt u nog veel meer winkels waar u souvenirs kunt kopen voor uw *sweet home*.

❻ Companhia do Campo ★★
Rua Saraiva de Carvalho 203/205,
☎ 852736, ma-vr 10.00- 19.30, za 10.00-14.00 uur: een aardige winkel in *countrystyle* met een neiging naar het etnische, waar u allerlei ideeën opdoet.

❼ Casa ★
Rua Tomas da Anunciação 33B,
☎ 953488, ma-za 10.00-19.00 uur: op twee verdiepingen biedt de Portugese *Habitat* u een ruime keuze aan goed vaatwerk en andere mooie gebruiksvoorwerpen die niet al te duur zijn.

❽ Espaço Natureza ★
Rua Correia Teles 28A,
☎ 3832183, ma-vr 10.00- 19.00, za 10.00-13.00 uur: een winkel voor mensen die gek zijn van de natuur en het milieu.

Lissabon buiten de muren

Sinds de 13de eeuw hebben zich voorsteden ontwikkeld buiten de stadsmuren van Lissabon. De aanleg van de spoorlijn langs de Taag in 1856 en de uitbreiding van de moderne stad brachten een grote verandering in het aanzien van deze wijken met zich mee.

❶ Museu Nacional do Azulejo ★★★

Igreja da Madre de Deus.
Rua Madre Deus 4.
☎ 8147747.
Di-za 10.00-17.00 uur
(18.00 in het hoogseizoen).
Niet gratis.

Dit in 1509 door koningin D. Eleanor gestichte klooster is volledig door de aardbeving verwoest. Het werd in de 18de eeuw herbouwd in een barokstijl, maar alleen de kerk is nog over om van de overdadige stijl van die tijd te getuigen. In het klooster, waarin nu het uitstekende Azulejomuseum zit, wandelt u van kloostergang naar kloostergang op zoek naar de eerste tegels met moorse motieven die de moderne *azulejos* hebben beïnvloed. Let vooral op de opmerkelijke afbeelding van Lissabon voor de aardbeving en op de geschiedenis van de hoedenmaker António Joaquim Carneiro, een echt 19de-eeuws stripverhaal in *azulejos.*

Breng na het museum een bezoek aan de bijbehorende winkel, die een keuze aan *azulejos* aanbiedt van goede kwaliteit (1800$ per stuk en ongeveer 15.000$ voor een met de hand geschilderd paneel). Als u van dit alles honger hebt gekregen, kunt u in het restaurant rond de patio wat bijkomen.

❷ Mosteiro de São Vicente de Fora ★★

Calçada de S. Vicente.
Dag. 10.00-13.00, 15.00-17.00 uur, zo gesl.
Niet gratis.

U kunt dit grote witte gebouw met zijn koepels die Graça en de wijk rond het Castelo domineren, onmogelijk missen. Voetgangers opgelet! De weg erheen is nogal steil. He eerste aan de H. Vincentius gewijde klooster gaat terug t de 12de eeuw; het ontving n de jonge Antonius (de latere heilige) in de eerste jaren van zijn kerkelijke loopbaan. Op de plek ervan is het huidige

bouw in de 16de eeuw
rrezen. Ondanks de
oostergangen die achter-
nvolgens zijn bedekt met
auwe en witte *azulejos* (die
fabels van La Fontaine en
verovering van Lissabon
rbeelden), krijgt u een
ede indruk van de leegte en
soberheid van het klooster.

**Igreja de Santa
ngrácia of
ationaal Pantheon** ★
mpo de Santa Clara.
zo 10.00-17.00 uur.
t gratis.

heeft bijna drie eeuwen
uurd voordat dit veel te
te en weinig esthetische
uwwerk was voltooid. Van-
r het gezegde *obra de
ta Engrácia* waarmee
kzaamheden worden
oeld die tot sint-juttemis
rden uitgesteld. De kerk
at de grafmonu-
nten van enkele
otheden, onder
Hendrik de
aarder, Pedro

Alvares Cabral en Afonso de
Albuquerque.

❹ Vila Sousa ★
Largo da Graça 82.

❺ Vila Bertha ★
Rua do Sol à Graça 57/59.

Eind 19de eeuw ontstond er in
de dichtstbevolkte wijken van
Lissabon een nieuwe woon-
vorm: de meergezinsvilla of
habitação economica.
Eigenlijk was het een voor-
loper van de moderne huur-
flat. Ze zijn tussen 1880 en
1900 gebouwd, vaak op
initiatief van een in de
nabijheid gevestigde fabriek
(een textielfabriek
bijvoorbeeld) om er hun
arbeiders te vestigen. De
speciale architectuur van deze
'villa's' was bedoeld om de
bewoners af te schermen
van de rest van de stad;
dat betekende een U-
vormig blok rond een
binnenplaats voor
de Vila Sousa en
een echte

**DE LEGENDE VAN
DE H. VINCENTIUS**

De H. Vincentius, na de
Heilige Antonius de
tweede mythische heilige
van Lissabon, is de
patroonheilige van de stad.
Nadat hij door de moren
was gemarteld, zou hij in
een bootje op de kust van
de Algarve zijn gestrand,
waarna hij door twee raven
naar Lissabon werd
begeleid, waar hij een
christelijk graf vond.
Sindsdien wordt de raaf
beschouwd als een soort
beschermengel: kijk maar
goed, u ziet overal het beeld
van twee raven rond een
schip, in steen uitgehouwen
of in smeedijzer boven op
de straatlantaarns. Het is
het embleem van Lissabon.

---

dorpsstraat met huisjes en
tuintjes voor de Vila Bertha.
In beide gevallen was het de
bedoeling onderlinge
hulpvaardigheid en
solidariteit te stimuleren.

❻ Rua da Mouraria ★

❼ Rua do Capelão ★

❽ Beco do Forno ★
Rond de Rua da Mouraria en
de Largo Martim Moniz ligt de
wijk Mouraria. In de 13de
eeuw werd hij aan de bij de
verovering van de stad
verslagen Arabieren gegeven
door koning D. Henrique.
Het was 'hun' stad, omdat ze
er godsdienstvrijheid en
vrijheid van handel genoten.
Aarzel niet om deze straatjes
op uw gemak te verkennen:
deze wijk is net zo schilderachtig en traditioneel als
Alfama.

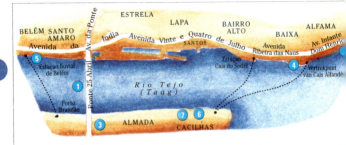

Langs de Taag

De Taag hoort bij Lissabon en zijn dromen: hij vormt de directe lijn naar de zee en de ontdekkingsreizen. Sinds kort worden de oude havenwijken gerenoveerd en winnen de kaden weer aan populariteit. Stuifwater, modder, meeuwen en schelpenvissers bij laag water horen ook bij Lissabon. Neem een *cacilheiro*, klim op de Cristo Rei of ga dineren op de *Outra banda* om de andere kant van de stad te beleven.

❶ Ponte 25 de Abril★

Deze brug is onder Salazar aangelegd en was de eerste die de Taag overbrugde: een buitengewone prestatie voor die tijd (1966) die in recordtempo (4 jaar) werd voltooid; hij is 3 km lang, waarvan 2 km boven de rivier, 100 m hoog en staat op fundamenten van meer dan 80 m. Hij

verbindt de dichtbevolkte wijken Almada en Cacilhas in Lissabon, er rijden nu meer dan 130.000 auto's per dag over de brug. Op zondagen in de zomer staat het verkeer muurvast, alsof alle inwoners van Lissabon zich tegelijkertijd naar de stranden van de Costa de Caparica of de Algarve spoeden.

❷ Ponte Vasco da Gama ★★

De nieuwe brug over de Taag verbindt het oosten van Lissabon met Montijo. Hij werd in maart 1998 geopend en moet de verbinding tussen het noorden en het zuiden van het land verbeteren. Met de Kanaaltunnel is hij een van de grootste bouwkundige ondernemingen van het eind van de 20ste eeuw. Ga maar

na: 18 km (waarvan 10 bo de rivier), 6 rijstroken en meer dan 180 miljoen geï vesteerde escudos. De tech is dezelfde als die van de P de Normandie: een brug m tuidraden met een central ophanging (420 m) gesteu door twee pylonen van 150

❸ Aanlegsteiger v de Cais d'Alfânde en *cacilheiros* ★★
Praça do Comércio.

❹ Estação Fluvial de Belém en *cacilheiros* ★★
Belém.

Ook al speelt veel van de activiteit in de haven (vis scheepsbouw, laden en los van containers, de aankor van olietankers) zich mee dan 30 km stroomopwaar of is verbannen naar de andere oever, toch blijft

Lissabon voor alles een havenstad en speelt het leven zich af rond de *cais* (kaden) en de *estações fluviais* (aanlegsteigers). Zo stromen er elke dag forenzen uit de *cacilheiros*, de oranjewitte veerboten (waarvan de naam komt van Cacilhas), de Praça do Comércio op. Maak ook eens de oversteek tussen de Cais d'Alfândega en Cacilhas of tussen de Estação Fluvial de Belém en Porto Brandão (het tochtje duurt ongeveer 10 minuten en kost minder dan 200$ retour).

❺ Cristo Rei ★
Almada.
Ma-zo, 9.00-18.00 uur.
Niet gratis.

Deze kopie van het Christusbeeld van Corcovado in Rio de Janeiro verheft zich aan de monding van de Taag.

Het is in 1959 in opdracht van Salazar gemaakt en staat op een van de hoogste heuvels aan de zuidoever op een voetstuk van 80 m hoog. Met een lift bereikt u het uitzichtterras. Het is niet te veel gezegd dat het uitzicht op de stad mooi is, maar het is jammer genoeg erg moeilijk om er anders te komen dan per auto of taxi en het tochtje zal menigeen afschrikken.

❻ Atira-te ao Rio ★★
Cais do Ginjal 69/70.
Cacilhas/Almada.
☎ 2751380.
Ma gesl.

❼ Punto Final ★★
Cais do Ginjal 72.
Cacilhas/Almada.
☎ 232856 of 2760743.
Di gesl.

Als u wilt pootjebaden met zicht op de lichtjes van de stad, hoeft u alleen maar de veerpont naar Cacilhas te nemen en ongeveer 800 m langs de Taag te lopen. U verkeert meteen in de sfeer van een spannende film: rechts het duistere water en het geklots van de rivier, links de half vervallen gebouwen van de voormalige dokken, een nauwelijks verlichte smalle kade en het geluid van uw voetstappen in de nacht. Ga eten op

LANGS HET WATER

Het beste gezicht op Lissabon hebt u vanaf de rivier. Omdat er tegenwoordig nog maar weinig mensen over zee arriveren, moet u beslist voor u vertrekt een boottocht op de Taag maken. **TransTejo**, Estação Fluvial.
☎ 8875058; 3000$ p.p., april-okt. 15.00 uur.

Natuurliefhebbers kunnen de delta van de Taag op varen. U brengt dan een dag door in een nog ongerepte streek, beroemd om zijn flora en fauna, met honderden beschermde vogelsoorten, zoals de steltkluut of de dwergstern. **Safaris Samora Correia**
☎ 063-62034 of 0931-603459; 9000$ per dag, inclusief maaltijd en bezoek aan een stierenfokkerij.

Outra banda (de andere oever) met de prachtig verlichte stad recht tegenover u. In het eerste restaurant, **Atira-te ao Rio**, kunt u Braziliaans eten en in het tweede, **Punto Final**, serveert men traditionele Portugese gerechten; beide hebben uitstekende *caipirinhas* als aperitief! Reken op 7000 tot 8000$ voor twee personen.

Sintra: 'glorious Eden

De benaming 'glorious Eden' die door Lord Byron aan Sintra (of Cintra) werd gegeven, is aan de plaats blijven hangen. Het is tegenwoordig een plaats vol romantiek. Onmiddellijk begrijpt men waarom de koninklijke familie èn het hof zich hier vestigden en dat dichters en schrijvers hier inspiratie kwamen opdoen.

belangrijkste collecties hispano-arabische *azulejos* ter wereld. Stel u tijdens uw bezoek voor hoe Luís de Camões in een van de zalen voor de eerste keer *Os Lusíadas* voordroeg of denk aan de arme koning Afonso VI, die van 1674 tot 1683 gevangen zat in een van de kamers van het paleis, nadat hij door zijn eigen broer was afgezet, die zich niet alleen zijn rijk toe-eigende, maar ook zijn vrouw.

❶ Palácio Nacional of Palácio Real ★★★

Praça da República.
☎ 9230085.
Dag. 10.00-13.00, 14.00-17.00 uur, wo gesl.
Niet gratis.

Elke koning na Dom Dinis (1279-1325) heeft er zijn eigen vleugel aan toegevoegd maar vooral Manuel I heeft er zijn stempel op gedrukt met zijn decoratieve stijl, vooral in de **Sala dos Brasões**, die bedekt is met *azulejos* die jachttaferelen voorstellen en wapens van de toenmalige adel. U ziet hier een van de

SINTRA GEZIEN DOOR DE DICHTER

'De afwisselende aanblik van de dalen en heuvels van Cintra doet zich aan ons voor als een *glorious Eden!* De woeste rotsen, bekroond door een klooster met een schuin dak; oude eiken werpen met hun takken schaduwen in een door struikgewas omzoomde afgrond; (…) het gladde blauw van een vredige oceaan; (…) de bergstromen die zich van de rotsen omlaag storten, (…) tezamen vormen ze een gevarieerd en betoverend landschap.
Lord Byron.

❷ Palácio Nacional da Pena ★★

Parque da Pena.
☎ 9230227.
Dag. 10.00-13.00, 14.00-17.00 uur ('s zomers 18.30 uur). Niet gratis.

Boven op een hoge bergtop in de *serra*, in een schitterend park, ligt het Palácio da Pena, een romantisch bouwwerk uit de 19de eeuw, dat is gebaseer

op de kastelen uit de sprookjes die Ludwig II van Beieren las. Het was de wens van de Beierse vorst, echtgenoot van koningin Maria II, om dit voormalige klooster in een paleis om te toveren. U zult niet worden teleurgesteld, noch door de fantasierijke architectuur van het klooster met moorse accenten, noch door het fraaie park met zijn paviljoens, bronnen en uitzicht op het gebied rondom.

❸ Adega das Caves ★★
Rua da Pendoa 2-10.
☎ 9230848.
Dag. 8.00-22.00 uur.

Dit restaurant in een klein schuin aflopend straatje, ver van de toeristische restaurants op de Praça da República, biedt toeristenmenu's aan voor zeer interessante prijzen (1500-2000$) in een typisch Portugese omgeving. De obers zijn vriendelijk en de

gerechten zijn gegarandeerd vers.

❹ Pastelaria Piriquita ★★★
Rua das Padarias 1-3.
☎ 9230626.
Dag. 9.00-22.00 uur, wo gesl.

Al in de 12de eeuw werden de *queijadas* door de koningen gewaardeerd! Men zegt dat bakkerij Piriquita het geheime recept van deze kaastaartjes met amandelen heeft bewaard. Proef ook de *travesseiros*, nog een onweerstaanbare specialiteit van Sintra, met room en amandelen.

❺ O Patamar ★★
Rua da Ferraria 13.
☎ 9235701.
Dag. 10.00-13.00, 14.00-19.00 uur.

Neem de moeite om deze steile straat te beklimmen en ontdek de *azulejos*-werkplaats O Patamar. Alle tegels worden met de hand gemaakt en u ziet vast wel een van de schilders aan het werk. Panelen en voorwerpen hebben een uitstekende kwaliteit; het zijn reproducties van oude of moderne modellen.

❻ S. Pedro de Sintra ★★

Het dorpje S. Pedro, op enkele kilometers van Sintra, is het paradijs van antiquairs en woninginrichters. Om de andere zondag wordt hier onder veel belangstelling de **rommelmarkt** gehouden. Als u er dan bent, moet u deze kans om een ontdekking te doen, niet laten lopen. Bezoek anders de vele antiquairs en woninginrichtingzaken. (**Alfazema**, Largo 1 de Dezembro 10; **Banho Antigo**, Calçada de S. Pedro 29; **Real Loja**, Calçada de Penalva).

❼ Castelo dos Mouros ★

Dit fort is in de 8ste eeuw door de moren gebouwd. Van hier af kunt u de witte schoorstenen van het Palácio Nacional bewonderen en de gekleurde torens van het Palácio da Pena. Midden tussen het weelderige groen van de *serra* ontdekt u de daken van andere aristocratische villa's.

Stranden onder handbereik

De *Riviera* van Lissabon (de kust tot aan Cascais), van oudsher een populair vakantiegebied, is een vreemde mengelmoes: u vindt er mondaine badplaatsen, drukke stranden, woonwijken, maar ook prachtige natuurgebieden.

❶ Estoril★

De faam van Estoril stamt uit de jaren dertig. Wie maar een beetje bekend was, ging er met vakantie. Later, in de jaren veertig, brachten Europese koningen er hun jaren van ballingschap door: Umberto II van Italië, Carol II van Roemenië, de graaf van Parijs. Weer later werden de sterren van het witte doek aangetrokken door de weelde van de *Riviera*, onder wie Rita Hayworth, Orson Welles en Grace Kelly. Estoril is nog altijd elegant en in trek bij de groten der aarde. Adellijke families en mensen uit de showbusiness hebben er hun villa's en komen er regelmatig om de Grand Prix van de Formule 1 bij te wonen, een partijtje te golfen of het Casino te bezoeken. Als een avondje 'high society' in Estoril u wel wat lijkt: **Casino d'Estoril**, diner:

8.30 uur, show: 23.00 uur (diner en show: 8500$, alleen show: 5000$), de speelzalen zijn tot 3.00 uur in de ochtend geopend (toegang: 500$), ☎ 4684521.

❷ Cascais★★★

De sfeer is hier totaal anders dan in Estoril. Hoewel het tegenwoordig de woonplaats van bekende politici en rijke buitenlanders is geworden, heeft Cascais nog altijd het aanzien van een vissersdorp. Het haventje is nog altijd vol in bedrijf, getuige de op de kade geworpen netten en

fuiken en de vismarkt die elke ochtend wordt gehouden. Het blijft een genoegen om door de straatjes van dit oude stadje te lopen: u vindt overal charmante pleintjes, huizen met fraaie gevels met *azulejos*, schitterende paleismusea, kerken vol schatten en elegante winkels (Rua Frederico Arouca). Besluit de middag met een echt Italiaans ijsje bij Santini en een diner in een van de restaurantjes in de Rua das Flores. Hier volgen enkele adressen waar u zich moet vervoegen:

Igreja Nossa Senhora de Assunção, Largo da Assunção: 18de-eeuwse *azulejos*, schilderijen van Portugese meesters en beschilderd plafond.

Santini, Avenida Valbom 28, ☎ 4833709.

Palácio Castro Guimarães, Estrada da Boca do Inferno, di-zo 10.00-17.00 uur: paleis uit eind 19de eeuw met park en museum.

❸ Cabo da Roca★★

'*Onde a terra acaba e o mar começa*' (*Luís de Camões*). Letterlijk: 'waar de

aarde ophoudt en de zee begint'. De uiterste westpunt van het Europese continent bestaat uit een stuk heidegrond dat wel wat aan Bretagne doet denken: een begroeiing van door de wind neergeslagen gaspeldoorn en de golven van de oceaan die stukslaan tegen de rotsen. Alleen de vuurtoren verraadt dat sinds 1772

mensen dit gebied betreden. U voelt zich hier echt aan het eind van de wereld.

❹ Praia do Guincho★★

De wind waait onophoudelijk over dit strand en vormt indrukwekkende duinen op het pad. Dit is de aangewezen plek om oog in oog te staan met de bulderende Atlantische Oceaan of om zich in het water te werpen (alleen voor sportievelingen). Hier komt men uit de hele wereld om te surfen op de golven van de Guincho en hier worden de wereldkampioenschappen windsurfen gehouden, evenals talloze surfwedstrijden. Voor een diner met uitzicht op de oceaan: **O Mestre Zé**, ☎ 4870275, of **O Monte Mar,** ☎ 4869156, of **O Poucaro.**

❺ Costa da Caparica ★★★

Op de 19 km lange strook zand tussen Caparica en Cabo Espichel liggen zo'n twintig stranden. Als het weer maar een beetje zijn best doet, haast een dichte menigte stedelingen zich op zondag hierheen om van de zon te genieten.

Het is *het* strand van Lissabon en ligt werkelijk onder handbereik: 20 minuten (afgezien van verkeersopstoppingen) met de auto of de bus (lijn 53 van Praça de Espanha), of met de pont tot Cacilhas en dan een willekeurige bus. In Caparica rijdt een leuk treintje van strand naar strand.

MET DE TREIN NAAR ZEE

N eem de trein om de 25 km tussen Cais do Sodré en Cascais af te leggen; het is de beste manier om de *Riviera* te bekijken. De trein rijdt steeds langs het water en volgt de monding van de Taag tot de oceaan: u kunt de oude 17de-eeuwse vestingwerken zien (zeventien in totaal) die de kuststrook afbakenen en de vuurtoren van Bugio die het estuarium in tweeën verdeelt. Als de trein stilhoudt in de stations van Oeiras, Carcavelos, Parede en Estoril, krijgt u een indruk van de vreemde mengelmoes van badplaatsen en woonwijken die deze kust kenmerkt.

Cais do Sodré: de trein vertrekt om de twintig minuten van 5.30 tot 2.30 uur.

Tips voor uw verblijf

Er zijn zoveel verschillende mogelijkheden dat het niet erg moeilijk zal zijn in Lissabon onderdak te vinden. U vindt meestal de beste Portugese keuken en doet de leukste ervaringen op in kleine, gewone zaakjes die niks bijzonders lijken.

EEN HOTEL KIEZEN

De Direcção Geral do Tourismo onderscheidt verschillende categorieën in de accommodatie. Deze zijn:

De hotels (2 tot 5 sterren, plus een categorie *luxo*); de herbergen *albergaria* of *estalagem* (3 tot 4 sterren); de *pousadas* (luxueuse, mooie hotels, gelegen op histo-rische plekken, ongeveer als de *paradores* in Spanje. Jammer genoeg is er in Lissabon zelf geen). Ook is er nog de *residencial* of *pensão* (pensions, geclassificeerd met 2 tot 4 sterren).

In een hotel kunt u rekenen op meer faciliteiten dan in een pension, dat meestal geen restaurant bezit (maar waar u doorgaans wel kunt ontbijten en meestal warm wordt ont-haald). Er zijn meer dan 180 erkende hotels en pensions in Lissabon en de prijzen kunnen erg verschillen. Reken op 8500 tot 12.500$ voor een viersterren-*pensão-residencial* of een driesterren-hotel in het centrum en tot 20.000-30.000$ voor een luxeuzer hotel of een viersterren-*albergaria*.

Bij de prijzen is meestal de B.T.W. (17 procent) inbegrepen. Ze gelden voor een tweepersoonskamer met ontbijt. Natuurlijk verschillen ze per seizoen (de prijzen zijn het hoogst in juni, juli en augustus).

In alle etablissementen vindt u een *livro de reclamações*, een soort klachtenboek, dat u verplicht moet worden overhandigd als u dat wenst. Als men dat weigert, kunt u zich wenden tot de Direcção Geral do Tourismo, Av. Antonio A. de Aguiar 86, 1004 Lisboa.

EEN HOTEL RESERVEREN

Als u geen gebruik wenst te maken van de diensten van een reisbureau, kunt u thuis zelf telefonisch reserveren. In de meeste hotels wordt wel Engels gesproken. Waarschijnlijk vraagt men u om een schriftelijke bevestiging, waarin het nummer van uw creditcard staat vermeld. Wees in dat geval op uw hoede en informeer of u een aan-betaling moet doen of niet en naar de voorwaarden bij annulering. In ieder geval moet u, als u vermoedt dat u laat aankomt, uw reservering

PORTUGESE TUSSENDOORTJES

Hebt u last van lekkere trek midden op de dag? Geen nood! Snoepen is in Lissabon tot een ware kunst verheven. Bij een van de vele banketbakkers vindt u vast wel iets om uw behoefte aan iets zoets te bevredigen (*pastéis de nata, bolo de arroz, bolo de queijo*). Als u liever iets hartigs hebt, vraag dan naar *pastéis de bacalhau* (een soort viskoekjes), *rissois de camarão* (garnalenbeignets), *croquetes de galinha* (kipkroketjes) of misschien wel *pãozinhos de queijo* (kaassoufflés) die u natuurlijk vergezeld kunt laten gaan van een goed glas wijn. Het is ook een goed idee om naar een café te gaan en daar *petiscos* te bestellen (een hors-d'œuvre, samengesteld uit tonijn- of ansjovismousse, diverse patés, kazen, ham of verschillende kleine salades). Ten slotte kunt u zich een *torrada* of *pão torrado* laten serveren, beboterd geroosterd brood dat warm wordt opgediend en heerlijk smaakt.

voor uw vertrek nog eens bevestigen, opdat uw kamer niet aan iemand anders wordt gegeven.

OP DE BONNEFOOI

Het is ook erg goed mogelijk om op de bonnefooi te gaan en ter plekke onderdak te zoeken. Het is het eenvoudigst om allereerst naar het toeristenbureau te gaan (zie blz. 8), waar u een lijst met beschikbare adressen kunt krijgen en waar men u met het reserveren kan helpen.

KIEZEN IN WELKE WIJK U WILT LOGEREN

Het is aan te bevelen een centraal gelegen hotel te kiezen, zo mogelijk in het laaggelegen deel van de stad (*Baixa*), als u de soms zeer steile straatjes wilt vermijden. In Baixa zult u gemakkelijk een driesterrenhotel of -pension vinden. In de buurt van de Avenida da Liberdade zal het u zelfs moeilijk vallen te kiezen tussen de grote internationale hotels. Er zijn ook enkele goede mogelijkheden iets buiten het centrum, zie blz. 75.

LUNCHEN OF DINEREN

De Portugezen zijn gek op lekker eten en goede wijn en en er zijn dan ook restaurants in overvloed. Ze zijn onderverdeeld in vier categorieën, die met vorkjes worden aangegeven.

Men neemt gewoonlijk de lunch van 12.30 tot 14.30 uur en de avondmaaltijd vanaf ongeveer 19.30-20.00 uur. Denk eraan, in de meeste restaurants sluit de keuken om 22.30 uur.

De Portugese keuken is eenvoudig en maakt gebruik van verse, smakelijke lokale ingrediënten zoals olijfolie, zeevruchten en groenten. De gerechten worden meestal opgediend met aardappels of rijst en als u andere groenten wenst, moet u deze apart bestellen. In minder toeristische etablissementen zijn de porties ruim bemeten en is het aan te raden een *meia dose* (halve portie) te bestellen of met zijn tweeën één gerecht te nemen. Dat is heel gebruikelijk. In een *tasca* (bistro) of een *cervejaria* (brasserie) serveert men dezelfde gerechten als in een chic restaurant. Het verschil in de rekening wordt eigenlijk alleen bepaald door de ambiance en de bediening.

HOTELS

Baixa/Avenida da Liberdade

Metropole★★★ (residencial)

Praça dom Pedro V (Rossio) 30 (Metro Rossio).
☎ 3469164,
✆ 3469166.
Ong. 20.000$ voor een tweepersoonskamer.

Dit hotel uit de jaren twintig heeft kort geleden zijn oude charme hervonden. Het ligt midden in de lage stad, op een prachtige plek, en biedt een van de beste prijs-kwaliteitverhoudingen in Lissabon. De kamers zijn allemaal verschillend en met veel smaak ingericht met antieke meubels.

Britânia★★★ (hotel)

Rua Rodrigues Sampaio 17.
☎ 3155016,
✆ 3155021.
Tweepersoonskamer: 20.000-21.000$.

Enigszins afzijdig van de drukte van de Avenida da Liberdade in een parallel lopende straat, ligt dit onlangs volledig gerenoveerde hotel. De hal heeft zijn oude luister teruggekregen: het marmer glanst weer en de lift, die

wordt geflankeerd door twee zuilen, vormt een mooi voorbeeld van de art-décostijl. De kamers zijn groot en mooi behangen. Dit is een goed, rustig hotel met parkeerplaats midden in het centrum.

Veneza★★★ (residencial)

Av. da Liberdade 189.
☎ 3522618,
✆ 3526678.
Ong. 16.000$ voor een tweepersoonskamer.

Veneza, dat naast de grote hotels (Sofitel, Tivoli) ligt, heeft de charme van een 19de-eeuws woonhuis. Het in 1886 door advocaat Barata Salgueiro gebouwde huis is zorgvuldig gerestaureerd, met behoud van de oorspronkelijke stijl. Zodra u binnen bent, bevindt u zich in de sfeer van een kleurrijk Lissabon, dankzij de naïeve fresco's van Pedro Luiz-Gomes. De kamers zijn mooi ingericht en comfortabel, al zijn ze wat klein.

Internacional★★ (hotel)

Rua de Betsega 3.
☎ 3466401,
✆ 3478635.
Ong. 10.000$ voor een tweepersoonskamer.

Dit hotel valt onmiddellijk op door zijn belle-epoquestijl: het ligt bijna op de hoek van het Rossio, aan het begin van de Via Augusta. De ruime, schone kamers kunnen wel een verfje gebruiken. De ligging is uitzonderlijk, zeker als u de redelijke prijzen in aanmerking neemt.

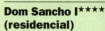

Dom Sancho I★★★★ (residencial)

Av. da Liberdade 202 3° en 5° E.
☎ 548648.
Ong. 8500$ voor een tweepersoonskamer met ontbijt.

Tegenover de luxe-hotels aan de Avenida, zoals het Tivoli en het Sofitel, zult u verrast zijn di sympathieke, goed onderhouden pension te ontdekken, dat ook nog eens zeer lage prijzen rekent De kamers zijn niet alleen van alle gemakken voorzien (badkamer, airconditioning, telefoon, televisie en minibar) maar ze zijn ook mooi om te zien met hun echt Portugese boerenmeubels en fris geschilderd houtwerk. Het ontvangst is allerhartelijkst: het is of men u al jaren kent. Dit is zonder twijfel de *residencial* met de beste prijskwaliteitverhouding en de meest centrale ligging.

Chiado

Borges ★★ (pensão)

Rua Garett 108.
☎ 3461951,
🖷 3426617.
Van 8500 tot 10.500$ (afhankelijk van het seizoen) voor een tweepersoonskamer.

De prachtige ligging in het hart van Chiado en de bescheiden prijzen maken dit eenvoudige etablissement aantrekkelijk. Het is wat ouderwets, maar de kamers zijn schoon en ruim.

Belém

Da Torre★★★ (hotel)

Rua dos Jerónimos 8.
☎ 3636262,
🖷 3630161.
14.000-15.000$ voor een tweepersoonskamer.

Hier moet u zijn als u ervan droomt te ontbijten met een warme *pastel de Belém* of als u wilt genieten van de oevers van de Taag bij zonsondergang. Enkele kamers hebben zelfs uitzicht op het Mosteiro dos Jerónimos. In dit gezellige hotel voelt u zich onmiddellijk thuis en het centrum van Lissabon is vlakbij (slechts 15 minuten met tram 15).

Residencial Setubalense★ (pensão)

Rua de Belém 28.
☎ 3636639,
🖷 3621372.
5000-6000$ voor een tweepersoonskamer.

Tussen het Mosteira dos Jéronimos en het presidentieel paleis leidt een mooie, met *azulejos* bedekte trap omhoog naar een klein pension. De prijzen tarten elke concurrentie en de kamers zijn ongelooflijk ruim met badkamer en een gastvrije sfeer. Kortom, dit is een pension, zoals u ze niet vaak meer zult aantreffen. Er wordt geen ontbijt geserveerd, maar dat zal u weinig deren met de Pastelaria de Belém onder handbereik.

Príncipe★★★ (hotel)

Av. Duque de Ávila 201 (Metro S. Sebastião).
☎ 3536151,
🖷 3534314.
10.000-13.000$ voor een tweepersoonskamer.

Dit moderne, comfortabele hotel ligt op twee stappen afstand van de Gulbenkian-stichting en het Eduardo VII-park. De inrichting is misschien wat onpersoonlijk, maar de hartelijke ontvangst en de relatief grote kamers maken veel goed.

Roma★★★ (hotel)

Av. de Roma 33.
☎ 7967761,
🖷 7932981.
Ong. 13.000$ voor een tweepersoonskamer.

Als u in het centrum van modern Lissabon wilt logeren, aan een van de brede winkelstraten, is dit een hotel naar uw hart. Het beschikt over 265 kamers met airconditioning, een reusachtige lobby, een overdekt zwembad en een restaurant met mooi uitzicht; de faciliteiten van een grand hotel met vier sterren voor de prijs van een driesterrenhotel.

Bairro Alto

Principe Real★★★★ (residencial)

Rua da Alegria 53 (Metro Avenida).
☎ 3460116,
🖷 3422104.
Ong. 20.000$ voor een tweepersoonskamer.

Voor mensen met stevige kuiten is hier een hotel op twee passen afstand (omhoog!) van de

Avenida da Liberdade en op ongeveer 50 m van de leuke Praça do Príncipe Real. Een geschikte plek om aan de boemel te gaan in Bairro Alto. De gevel is niet bijzonder, maar van binnen is dit hotel heel prettig.

Príncipe Real-São Bento

Casa de S. Mamede ★★★ (pensão)

Rua da Escola Politécnica 159.
☎ **3963166,**
✆ **3951896.**
10.500$ voor een tweepersoonskamer.

Dit pension, dat is gevestigd in een voormalig paleis waarvan alleen nog enkele *azulejos* in de hal en in de eetzaal over zijn, biedt een gastvrij onthaal. De kamers zijn misschien wat ouderwets, maar bijzonder schoon.

Castelo

Pensão Nino das Aguias★★

Rua Costa do Castelo 74.
☎ **8867008.**

6000-7000$ voor een tweepersoonskamer zonder ontbijt.

Van het terras hebt u een buitengewoon mooi uitzicht op de stad, wat de wat gewone kamers compenseert. Een dilemma: neemt u een kamer zonder badkamer met uitzicht, of met badkamer zonder uitzicht…

Lapa

York House ★★★★ (residencial)

Rua das Janelas Verdes 32-1°.
☎ **3962544,**
✆ **3972793.**
Ong. 28.300$ voor een tweepersoonskamer.

De ingang van dit hotel is moeilijk te vinden: de trap gaat schuil achter begroeiing en slechts enkele *azulejos* en een bescheiden portier wijzen erop dat dit het juiste adres is. Beklim de trap en u bereikt een binnenplaats die een heerlijke

rust uitstraalt. U bevindt zich in het voormalige klooster van de Marianos uit de 16de eeuw, het mooiste hotel van Lissabon. U vindt er *azulejos*, marmer, antiek parket, kostbare meubels en een patio waar u op zwoele zomeravonden kunt dineren. Reserveer ruim van tevoren, want dit hotel is erg in trek en telt slechts 32 kamers.

As Janelas Verdes ★★★★ (residencial)

Rua das Janelas Verdes 47.
☎ **3968143,**
✆ **3968144.**
Standaardkamer: 26.000$, junior suite: 30.000$.

Een *residencial* met zeventien kamers in een 17de-eeuws herenhuis op twee passen afstand van het Museo da Arte Antigua. Hier woonde vroeger de Portugese schrijver Eça de Queirós; misschien komt u op het terras of voor de *azulejos* op de patio zijn muze wel tegen. De sfeer is gemoedelijk, de kamers zijn met veel smaak ingericht en de meubels zijn antiek. U krijgt het plezierige gevoel dat u bij een goede vriend op bezoek bent. Op tijd reserveren.

Hotel da Lapa ★★★★★

Rua Pau de Bandiera 4.
☎ **3950005,**
✆ **3950665.**
33.000$ voor een tweepersoonskamer (in juni 44.000$).

Een vijfsterrenhotel met een overdekt zwembad en prachtig uitzicht op de Taag. Hier vindt u de sfeer die bij deze wijk past: een discrete luxe die schuilgaat achter de roze of okergele gevels van fraaie paleizen.

weekeinde. Op sommige kamers en uit de bar is het uitzicht op de oceaan en de kust van Estoril onvergetelijk.

Nossa Senhora da Guia ★★★★ (estalagem)

Estrada do Guincho (Cascais).
☎ 4869239,
☏ 4869227.
22.000$ voor een tweepersoonskamer met uitzicht op zee, zonder uitzicht 20.000$.

Alleen voor mensen die van de Atlantische Oceaan en het geluid van de golven houden. Deze *estalagem* staat op het strand van de Guincho, waar de rollers surfers en windsurfers aantrekken. U bevindt zich op de rand van het Europese continent, ver van het stadslawaai. De antieke meubels en stijlvolle bediening nemen u mee naar een andere tijd en doen u misschien zelfs Lissabon vergeten! Als dat niet zo is, hebt u een auto nodig (ongeveer 25 km van het centrum).

Graça

Albergaria Senhora do Monte ★★★★ (residencial)

Calçada do Monte 39.
☎ 8866002,
☏ 8877783.
16.000$ voor een tweepersoonskamer, met terras 25.000$.

Het gebouw ziet er van buiten wat gewoontjes uit. Het is een hele klim om ernaartoe te lopen, maar het buitengewone uitzicht op de stad en het kasteel is dat zeker waard. Dat is dan ook meteen een van de voornaamste attracties van dit wat achteraf gelegen hotel. De onlangs opgeknapte kamers zijn comfortabel, maar missen karakter. Overtuig u ervan dat u een kamer met uitzicht krijgt.

Cascais

Albatroz★★★★★ (hotel)

Rua Frederico Arouca 100 (Cascais).
☎ 4832821,
☏ 4844827.
42.000$ voor een tweepersoonskamer met uitzicht op zee, zonder uitzicht 35.000$.

Het vroegere paleis van de hertogen van Loulé, beter bekend onder de naam *Caixinba de Amêndoas* is tot een luxehotel verbouwd zonder iets van zijn 19de-eeuwse stijl kwijt te raken. Dit is zeker een van de mooiste hotels in de omgeving van Lissabon. Voor een heel bijzonder

Sintra

Casa da Tapada★★★ (tourismo de habitação)

Tapada das Roças.
☎ 9230342.
Ong. 20.000$ voor een tweepersoonskamer.

Als *tourismo de habitação* houdt dit huis het midden tussen een hotel en een pension. De ontvangst is er warm en het bos van Sintra biedt rust. Voor natuurliefhebbers of onverbeterlijke romantici. Vijf suites, een tuin en een zwembad. Als u Lissabon wilt bezoeken, moet u een auto huren.

RESTAURANTS

Docas/Alcântara

Salsa Latina ★★★

Gara Maritime de Alcântara.
☎ 3950550.

Dit restaurant in het haven-station van Alcântara bezit een uitgestrekt terras aan de Taag: ideaal voor een diner onder het wakend oog van het verlichte Christusbeeld. Binnen is de stijl modern en verantwoord. Het oog wil ook wat. Wat het voedsel betreft, zult u niet worden teleurgesteld: *lulas* (inktvis) *a la Sevillana* of *peixe a la madeirense* (vis in de stijl van Madeira, met bananen). Houd een plaatsje open voor de kaas en bestel dan een *queijo da Serra amanteigado* (zachte schapenkaas): u moet hem wel op zijn Portugees eten, met een lepeltje. Na middernacht verandert de sfeer. Elke avond is de dansvloer druk bezet en kunt u genieten van salsa en andere muziek.

Doca Seis★★

Doca de Santo Amaro, Armazém 6.
☎ 3957905,
🖷 3957894.

Loop gerust door naar de eerste verdieping en vraag om een tafel bij het grote raam en denk eraan het zeiljacht van uw dromen dat in de jachthaven voor anker ligt, niet uit het oog te verliezen. Op uw bord zult u de verwijzing naar de *nouvelle cuisine* waarderen.

Verse *bacalhau*, gegratineerde garnalen. De besluitelozen moeten de gegrilde gamba's nemen. Kinderen zijn welkom in dit restaurant. Ze worden met een glimlach ontvangen en voor de allerkleinsten is zelfs aan stoelverhogers gedacht.

Zeno ★★

Doca de Santo Amaro.
☎ 3973951.

Het is heel eenvoudig: Zeno zit altijd vol. Aan het eind van de middag zit het hier, als de kantoren uitgaan, vol kantoorklerken die een aperitief komen drinken. Als u hier wilt eten, moet u reserveren. Als u na 23.00 uur een glas aan de bar drinkt, lukt het u misschien om een plaats te bemachtigen in de zaal boven om naar het concert te luisteren. Komt het door het barokke interieur met zijn felgele muren, houten kloosterdeuren en de opwindende verlichting? Of door de aardige serveersters? Of misschien door de heerlijke Braziliaanse gerechten? Hoe dan ook, Zeno is in de mode in Lissabon.

Speakeasy ★★

Rocha conde de Óbidos, Cais das Oficinas, Armazém 115.
☎ 3964257.
Live-concerten, dag. behalve zo, ma-do 23.00 uur, vr, za 23.30 uur.

Speakeasy is symbolisch voor de nieuwe trend in eethuizen in de havenwijk. Men eet er in een aangename rotzooi, die zo te zien met zorg is samengesteld, met uitzicht op de haven, waar

voortdurend vrachten worden geladen en gelost. De bediening is vriendelijk en attent. Proef de gamba's à la Speakeasy of de garnalencurry. Elke avond (behalve zondag), zijn hier live-concerten (jazz, blues, jam-sessies).

Indochina ★★

**Rua da Cintura do Porto de Lisboa, Armazém H.
Rocha Conde de Óbidos.**
☎ 3955875.

Ook hier is het verstandig een tafel te reserveren. Dit is een van de nieuwste restaurants in de wijk en het is zeer in trek. Op zaterdagavond lijkt het wel of alle yuppen van Lissabon zich hier verzamelen. Het moet gezegd worden dat dit restaurant niet alleen geslaagd is door zijn inrichting, maar ook door zijn keuken. Het is moeilijk te zeggen of de recepten werkelijk uit Indo-China komen, maar ze zijn in ieder geval zeer verfijnd en smaken heerlijk. Het moeilijkste is een keuze te maken.

Blues Café ★★

**Rua da Cintura do Porto de Lisboa, Armazém H.
Rocha Conde de Óbidos.**
☎ 3957085.

Als de avond is gevallen, kunt u het gedempte licht, de zware, rode, fluwelen gordijnen en het warme, geheel houten interieur pas goed waarderen. U waant zich opeens in een bar in New-Orleans. Reiner Kuipers, een van de eigenaars, een Nederlander die Portugal als tweede vaderland heeft gekozen, geeft toe dat hij op zijn reizen naar Louisiana en Zuid-Afrika inspiratie voor zijn restaurant heeft opgedaan.

Cajun- en internationale gerechten van 20.00 tot 1.00 uur in de ochtend, blues en één keer per week om 23.00 uur een jazzconcert.

Alcântara Café ★★★
Rua Maria Luisa Holstein 15 (Rua da Cozinha Económica).
☎ 3637176.

In de nacht van Lissabon zijn niet alle katjes grauw Brengt u maar eens een bezoek aan het Alcântara Café, de plek om een gokje te wagen. Zet niet te veel

in, want de concurrentie is hier serieus!

Maakt u zich niet ongerust, u bent een buitenlander en wordt heel vriendelijk ontvangen. In de keuken wordt men vooral geïnspireerd door de Franse keuken. U zult het trouwens nog moeilijk genoeg hebben om u op uw maaltijd te concentreren, want het gebeurt allemaal in de zaal. Reusachtige zuilen, een metalen plafond, indrukwekkende behangsels, spiegels, bronzen beelden die Rodin waardig zouden zijn, om maar niet te spreken van de bar of de toiletten! Wat de gasten betreft, sommigen zijn vaste bezoekers van de naburige discotheek, *Alcântara Mar*, die op dit moment erg in is, en komen hier wat eten voor ze aan een swingende avond beginnen.

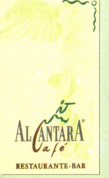

Comida de Santo ★
Calçada Miguel País 39.
☎ 3963339.

Dit kleine Braziliaanse restaurant is ideaal voor een romantisch afspraakje. Ook als u niets bijzonders te vieren hebt, kunt u beginnen met een *caipirinha* met *pãozinhos de queijo* (kleine, lauw geserveerde kaascakejes). U zult de rest van de avond een goed humeur hebben. Pas wel op, na twee glaasjes loopt u de kans *feijoada* en *moqueca* door elkaar te halen. Dat geeft overigens niets, want deze gerechten zijn allebei even heerlijk.

Conventual ★★★
Praça das Flores 45.
☎ 609196.

Het aardigste oord van Lissabon, een tot een restaurant verbouwd klooster met een gewijde sfeer, een fantasierijke keuken, een uitstekende wijnkaart en goddelijke desserts.

Hier past het alleen nog om *amen* te zeggen! Dit is een van de beste restaurants van Lissabon, niet echt van God gegeven, maar wel een mis waard.

Umpuntocinco ★★

Rua Marcos Portugal 1/5 (Praça das Flores).
☎ **3964895,**
F 605637.

Aan hetzelfde romantische pleintje als het Conventual ligt nog een restaurant van goede kwaliteit, voor het geval het 'geestelijke' voedsel u niet aanspreekt. Er heerst een zuidelijke sfeer: zalmkleurige muren, groen geschilderde en met mooie stof beklede stoelen, serviezen uit Alcobaça. (Het heeft geen zin om te vragen waar u dit model borden kunt kopen, want het is speciaal voor dit restaurant ontworpen). Proef de *bife punto cinco*, gevuld met kaas en in de oven gebakken, en neem er een *Luís Pato tinto* bij in een groot glas, stijl Bourgogne. Klasse!

XL ★

Calçada da Estrela 57 A 63.
☎ **3956118.**

Spreek uit *Sjiesj elle,* als u geen al te klungelige indruk wilt maken. Dit is de brasserie van

het Parlement. Probeer maar eens hoeveel ministers en belangrijke politici u kunt herkennen. Kwade tongen beweren dat de specialiteit van het huis, de steak XL niet meer is wat hij geweest is. Toch blijft dit gerecht een uitstekende keuze, met zijn grote assortiment aan *molhos* (sauzen). Denk eraan, grote eters, de porties zijn hier niet echt XL, maar eerder *medium/large* te noemen.

Pedro Quinto ★

Rua Dom Pedro V 14.
☎ **3427842.**

Dit is het trefpunt van journalisten en intellectuelen. Iedereen die zich hier laat zien met de hoofdredacteur van *Público* (het grootste nationale dagblad), wordt met veel egards ontvangen. Ieder ander trouwens ook. In deze gemoedelijke bistro, die een beetje naar de Engelse pub neigt, serveert men een eenvoudige, geurige Portugese keuken. Ook als u zich bij Dom Pedro V, de juwelier aan de overkant, te buiten bent gegaan, kunt u zich nog wel een *prato do dia* (dagschotel) veroorloven.

Bairro Alto

Sinal Vermelho ★

Rua das Gaveias 89.
☎ **3461252,**
F 3431281.

Stop bij het 'rode licht' (*Sinal Vermelho*) en sluit u aan bij een lange rij als u geen tafel hebt gereserveerd. Als u dat wel hebt gedaan, moet u snel zijn en meteen de specialiteit van het huis bestellen: *açorda de mariscos* of *de bacalhau* (soep op basis van brood, knoflook of ui, koriander, eieren, vis of zeevruchten uit de oven). Deze is werkelijk verrukkelijk. Kijk, om

Sinal Vermelho
Restaurante

Rua das Gáveas, 89
Telef. 346 12 52 / 343 12 81
1200 LISBOA

u daarvan te overtuigen, maar eens naar de mensen die aan de tafel naast u zitten. Als een *açorda* u echter niet aanspreekt, kunt u beter naar een ander restaurant gaan.

Grémio ★

Rua do Grémio Lusitano 18.
☎ **3468868.**

Niet te verwarren met het beroemde, exclusieve Grémio Literário. Deze kleine Grémio, in het hart van Bairro Alto, is een soort wonder. Er staan niet meer dan zes tafels in een intieme ruimte met witgekalkte muren. U krijgt hier het gevoel bij een Portugese familie te zijn uitgenodigd, de *mãe* staat achter het fornuis en de *filho* zet het eten op tafel. Laat u vooral adviseren. Neem de specialiteit van de dag (afhankelijk van de markt en het humeur van de kok), dan wordt u niet teleurgesteld.

Chiado

Tagide ★★★

Largo da Academia Nacional de Belas Artes 18 en 20.
☎ **3420720.**

Het uitzicht op het Castelo en de Taag is schitterend. Het restaurant is ingericht met *azulejos* uit een *quinta* in de Alentejo. De witte linnen tafelkleden zijn onberispelijk en de bediening voorbeeldig. Reserveren is noodzakelijk en u moet hier niet heengaan als u niets anders hebt om aan te trekken dan een spijkerbroek en een trui. Het is een beetje opgeprikt, maar het eten is goed. Dit is een traditioneel restaurant in een stijl die nu eenmaal een prijs heeft.

Amoreiras/Rato

A Casa da Comida ★★★

Travessa das Amoreiras.
☎ 3885376,
F 3875132.

De 'chique kantine' van Portugese en buitenlandse zakenlieden. Iedereen draagt donkere kostuums, witte overhemden en stropdassen. De zaak is ingericht met Chinees porselein, schilderijen en *tutti quanti*. U begrijpt het al, de sfeer is nou niet

bepaald hiphop, maar de rond een mooie tuin geplaatste tafels bieden wel enige intimiteit. Geen oord voor als u haast hebt of platzak bent, maar als u, al is het maar voor één avond, zij aan zij wilt zitten met het puikje van Lissabon, dan moet u hier zijn.

Baixa/Av. da Liberdade

Gambrinus ★★★

Rua das Portas de Sto. Antão 25.
☎ 3421466.

Nog een instituut van Lissabon. Deze kelder en zijn sommelier zijn de bekendste van de stad en het assortiment zeevruchten is indrukwekkend. In een stijl die veel weg heeft van een Parijse brasserie, ontmoet u grootheden uit de politiek en het zakenleven. Voor mensen die hun zinnen erop hebben gezet alle sterren (u weet wel, van die andere gids) in de wereld te proberen.

Solar do Presunto ★★

Rua das Portas de Sto. Antão 150.
☎ 3424253,
F 3468468.

Als u tussen februari en april in Lissabon bent en zin hebt om eens iets nieuws te proberen, aarzel dan niet de specialiteit van dit restaurant te bestellen, *lampreia* (lamprei). Dit dier, dat half vis half slang is, steekt de Atlantische Oceaan over om in de riviermondingen in het noorden van Portugal te paaien. Dat wordt hem fataal, want hij belandt op de tafels van de beste restaurants van Lissabon en Porto. Na te zijn gemarineerd in zijn eigen bloed, rode wijn en kruiden, wordt hij opgediend met rijst. Als u erom vraagt, toont men u het dier voor hij wordt gekookt. Niet echt iets voor gevoelige zieltjes.

Os Tibetanos ★

Rua do Salitre 117.
☎ 3142028,
F 3524076.

Os Tibetanos
Restaurante
Salão de Chá
Rua do Salitre 117 - 1250 LISBOA   Tel: 314 20 38 Fax: 352 40 76
FECHADO DOMINGOS E FERIADOS

Hier moet u zijn voor een lunch in een geïnspireerde omgeving. Op een mooie dag kunt u hier curry van kip, tofu of een groentetaart eten, onder het genot van een glas wortelsap op een terras dat grenst aan de prachtige tuin van Alegria. U waant zich ver van Lissabon: gekleurde gordijnen, overdekt met boeddhistische mantra's bewegen zachtjes in de wind. Ongetwijfeld dragen deze bij aan de Tibetaanse sfeer. Dit restaurant is bovendien een Zen-meditatiecentrum.

Casa do Alentejo ★★

Rua das Portas de Sto. Antão 58.
☎ 3469231.

Een klein stukje Alentejo in Lissabon. In dit laat-19de-eeuwse, pseudo-moorse paleis treffen mensen uit de Alentejo die heimwee naar hun land hebben elkaar. Op de mooie patio vinden ze de voorwerpen en het voedsel uit hun streek terug en in de onmetelijke, wat ouderwetse zalen, halen ze herinneringen op. In deze grote, met *azulejos* bedekte vertrekken serveert men culinaire specialiteiten zoals *travers de porc* of *cataplana a Alentejana*. Op zaterdagavond kunt u er een

folkloristische voorstelling bijwonen.

Churrasqueria Cafreal ★

Rua das Portas de Sto. Antão 71/73.
☎ 3468447.

U hoeft zich niet het hoofd te breken om een keuze te maken. Hier serveert men uitsluitend *frango no churrasco*, een halve kip, gegrild op houtskool met aromatische kruiden. Nergens vindt u het eenvoudiger, lekkerder of goedkoper. Dit adres is aan te bevelen voor een snelle maaltijd op een terras in de meest toeristische straat van de stad.

Belém

T-Clube ★★★

Av. Brasília.
Edifício Espelho d'Água.
☎ 3016652,
℻ 3015881.

De T-Clube, restaurant, bar en nachtclub tegelijk, is een van de chicste gelegenheden van Lissabon. In een prachtige high-tech omgeving aan de oever van de Taag serveert men typisch Franse gerechten. U kunt hier echter ook enkele uitstekende Portugese specialiteiten bestellen, zoals het beroemde *arroz de pato* (rijst met eend). Ga na 23.00 uur naar de bar en wacht op de dingen die komen gaan. Luisterend naar gevarieerde 'nostalgische' muziek kunt u zich laten meeslepen in een sfeer die een herinnering oproept aan de jaren zeventig.

Castelo/Alfama

Arco do Castelo ★

Rua Chão da Feira 25.
☎ 8876598.
Ma-za. 12.00-24.00 uur, zo gesl.

Aan de voet van de muren van het *Castelo* kunt u de exotische geuren die opstijgen uit de keuken van dit aardige restaurantje niet missen. Slechts tien simpele tafels met geruite tafelkleden en het warme onthaal van Pedro zijn genoeg om u zich meteen thuis te laten voelen. Waag u aan de *caril* (curry) van garnalen of kip, de *xeque-xeque* van krab of de *feijoada indiana*. Vraag om *meio piquante*, wat voor de meeste mensen precies scherp genoeg is, of om *piquante* als u van heftige ervaringen houdt. Bewaar een plekje voor het roomijs (*nata*) met mangosaus. Het restaurant heeft ook uitstekende Portugese wijnen. Ook hier moet u reserveren, want het zit vaak vol. Reken 5000 tot 6000$ voor twee.

O Bacalhau de Molho ★★

Beco dos Armazéms de Lisboa 1.
☎ 8863767.

Als u alle manieren waarop *bacalhau* kan worden bereid wilt proberen, hebt u niet genoeg aan een weekeinde, maar in de *Bacalhau de Molho* komt u wel een heel eind. Hier vindt u *bacalhau* in alle mogelijke vormen: *à bras* (met eieren, uien en aardappels), *espiritual* (met wortels), *tropical* (met ananas), *com nata* (met room), *com espinafre* (met spinazie). Kortom, als u een *meia dose* (halve portie) bestelt, kunt u proeven wat u lekker lijkt.

A Tasquinha ★

Largo do Contador Mor 5-6-7.
☎ 8876899.
Zo gesl.

De Largo do Contador Mor en zijn lommerrijke bomen zullen u wel bevallen. Ga daarom zitten bij de Tasquinha, een echte bistro die wel veel door toeristen wordt bezocht, maar toch zichzelf blijft en nog simpele, authentiek Portugese gerechten serveert. Installeer u op het terras en bestel sardines of gegrilde calamares.

Lapa

York House ★★★

Rua das Janelas Verdes 32.
☎ 3962544.

Als u iets romantisch te vieren hebt, een trouwdag of de verjaardag van uw geliefde, en u dat met een dineetje bij flakkerend kaarslicht wilt doen, moet u naar York House gaan. 's Zomers dineert u hier onder de palmen op het terras of, als het te fris is, in een van de intieme, met blauw-witte *azulejos*

versierde zaaltjes. U bent hier ver verwijderd van het stadslawaai en vanzelf begint u te fluisteren om de rust niet te verstoren. De keuken biedt goede, weinig verrassende gerechten, maar wat er op uw bord verschijnt maakt eigenlijk niets uit want u hebt natuurlijk toch alleen maar oog voor elkaar.

Picanha ★★ (Baziliaans)

Rua das Janelas Verdes 96.
☎ 3975401.

Dit sympathieke Braziliaanse restaurant is gevestigd in de hal van een 18de-eeuws paleis, wat u kunt zien aan de imposante boog boven de deur en de blauw-witte *azulejos*. Het is niet eenvoudig om hier een tafel te vinden (reserveren aangeraden). Als u eenmaal zit, hoeft u nergens meer aan te denken. Van het enige gerecht, specialiteit van het huis, kunt u eten zo veel u wilt. Het is *picanha*, rundvlees gemarineerd in een doordacht mengsel van kruiden, vervolgens gegrild en vrij rood opgediend. Dit gerecht wordt geserveerd met bruine bonen, sla, rijst en de onvermijdelijke *farofa* (geroosterde broodwortel). Vergeet niet om 'stop' te zeggen, als u wordt opgeschept, anders gaat men

maar door. Reken 1950$ voor de *picanha*. Men accepteert hier geen creditcards.

De kust van Lissabon

O Pucaro ★★

Estrada do Guincho 13 (Cascais).
☎ 4870497.

De middag op het strand van de Guincho heeft u werkelijk uitgeput: zon, wind en een gevecht met de oceaangolven hebben erin gehakt. Zoek dan verkoeling onder het prieel van de Pucaro, op twee stappen van het strand. Bestel een *dourada ao sal* (zeebrasem in een zoutkorst) of, als u geen zout meer kunt zien, *robalo* (zeewolf) uit de oven.

A Pastorinha ★★★

Avenida Marginal, Praia de Carcavelos (Carcavelos).
☎ 4580492.
🖷 4580532.

Voor u ligt de oceaan en niets anders dan de oceaan. De patroon ontvangt u met eerbied en noemt u *Sinhor Doutor*. Als u een gesprek met hem begint, zal hij u vol trots een opsomming geven van alle illustere gasten van zijn restaurant. Het bezoek van niet minder dan twee presidenten en een tiental ministers doet geloven dat hier het lot van de natie wordt bepaald. Hoe dat ook zij, in ieder geval serveert men hier de beste *cataplana* (stoofpot) of *parillada* (grillade) van zeevruchten in heel Lissabon.

BAKKERIJEN, THEE- EN IJSSALONS

Baixa/Chiado

Bènard★★

Rua Garett 104.
☎ 473133.
Ma-za 8.00-24.00 uur, zo gesl.

Ideaal voor een lekker hapje tussendoor op het terras of binnen om een vermoeiende middag winkelen even te onderbreken. Als u liever langs de etalages blijft slenteren, kunt u een heerlijke warme croissant met jam of room naar keuze (vanille, chocolade) of een hartige ham-kaascroissant meenemen. Met Pasen moet u de specialiteit proberen: een soort kroonvormige brioche met een echt ei in het midden (hardgekookt natuurlijk).

Caffé Rosso ★★

Rua Garett 19,
Loja D.
☎ 471524.

U moet onder een poort in de Rua Garett door om deze bar-theesalon op een aardige patio in het Chiado te ontdekken. De huizen eromheen zijn zojuist opgeknapt en rondom vindt u mooie winkels. Deze zaak is in

café bar
AFFÈ ROSS
Rua Garret, 19, Loja D - 1200 LISBOA
PORTUGAL

de wijk zeer populair en soms moet u wachten op een zitplaats op het terras onder de grote, witte parasols. Dat is de moeite wel waard, want binnen ziet het er wat somber uit. Het menu is weinig opwindend: salades, sandwiches en enkele warme schotels. Grote eters zullen de porties wat karig vinden. Houd daar rekening mee bij uw bestelling.

São Bento/Estrela

Pastelaria 1800

Largo do Rato 7.
Ma-za 6.00-22.00 uur, zo gesl.

De prachtige veelkleurige panelen met *azulejos* achter in de zaal zeggen het al: hier bakt men al sinds 1857 taartjes. Het is wel duidelijk dat men hier ervaring heeft. Doe daarom als de Portugezen en verwen uzelf, leunend op de toonbank, met een *gallão* of een *bollo de arroz*.

Amoreiras

A Veneziana

Centre Commercial
Amoreiras.
Av. Duarte Pacheco,
Loja 3019.
☎ 3832172.
Dag. 10.00-24.00 uur.

In 1933 vestigde zich een Noord-Italiaanse familie in Lissabon en opende de eerste *geladeria* van de stad in de Avenida da Berna. Ze hadden meteen succes en moesten zelfs in alle wijken bestellingen rondbrengen om aan de vraag te voldoen. De *geladeria* op de Avenida da

Berna is verdwenen, maar de traditie van het Italiaanse ijs wordt met dezelfde ambachtelijke bereidingsmethoden voortgezet in het winkelcentrum Amoreiras.

Lapa

Chá da Lapa★★
Rua do Olival 8.
☎ 3957028.
Dag. 9.00-20.00 uur.

Een echte theesalon met een erg

gezellige, Engelse sfeer: rode, fluwelen bankjes, gedempt licht, trompe-l'œilschilderingen. Alles wordt vers bereid. De taartjes en petitfours zijn verrukkelijk en op lunchtijd kunt u zich zelfs te goed doen aan een uitgebreide salade of een hartige taart. En, de naam zegt het al (*chá* betekent thee), natuurlijk drinkt u hier de Engelse nationale drank.

Dom Garfo ★
Rua da Lapa 36.
☎ 3950940.
Ma-za. 9.00-20.00 uur.

Van buiten lijkt dit wel een zaak voor woninginrichting: u ziet keukengerei, kruidenpotjes, dienbladen, karaffen en veelkleurige flessendoppen. Binnen is de sfeer totaal anders: rustiek beschilderde houten tafels en stoelen en een wat boerse stijl.

Hier verkoopt men hartige *pastéis* in soorten en maten, één of twee zeer landelijke dagschotels en enkele nagerechten die men zeer romig zou kunnen noemen.

Avenidas

A Mexicana
Av. Guerra Junqueiro 30 C.
☎ 8486117.
Dag. 8.00-24.00 uur.

Trefpunt van de gegoede jeugd van Lissabon en dure vrouwen die even zijn uitgewinkeld. Ga op het terras zitten om hun gedragingen te observeren: ze showen hun nieuwe auto of hun *telemovel* (draagbare telefoon) van het allernieuwste model. De ijsjes zijn uitstekend en vers bereid; liefhebbers van chocolade moeten de *Donatella* proeven, een zacht mengsel van choco-

lade, hazelnoot en vanille, of de *Mexicana* (de Portugese versie van stracciatella: vanille en stukjes chocolade).

Koffie en thee in het Portugees

K offie of thee bestellen in het Portugees is soms moeilijker dan het lijkt. Om te krijgen wat u wilt, moet u een paar woorden kennen:
■ *Um Italiano:* een sterke espresso op zijn Italiaans
■ *Uma bica:* een iets minder sterke espresso
■ *Um pingado:* een espresso met een klein wolkje melk
■ *Um galão:* koffie verkeerd (meer melk dan koffie), geserveerd in een groot glas
■ *Uma meia de leite* of *um café com leite*: een grote kop koffie met melk
■ *Uma carrioca de café:* een kop met water aangelengde koffie
■ *Um chá:* een kop thee (*com leite*: met melk, *com limão*: met citroen)
■ *Uma carrioca de limão*: kwast.

Winkeltips

Ook als u niet speciaal naar Lissabon bent gekomen om te winkelen, zult u aangenaam verrast zijn, want de stad is heel geschikt om een middagje winkelend door te brengen. Vooral op het gebied van de kunstnijverheid en met de hand gemaakte artikelen kunt u uw slag slaan (leer, fijne geborduurde stoffen, *azulejos*).

WAAR KUNT U WINKELEN?

De winkelstraten liggen in Lissabon vlak bij elkaar. De gehaaste toerist vindt alles wat hij nodig heeft in Baixa of het Chiado, de liefhebber van woninginrichting en kleine winkeltjes moet naar Campo de Ourique gaan, de overtuigde snuffelaar zal zich helemaal thuisvoelen in de wijken Príncipe Real en S. Bento, en iemand die op zondag wil winkelen moet zijn schreden richten naar de grote winkelcentra in de stad (Amoreiras) en in de omgeving (Colombo of Cascais Shopping).

OPENINGS-TIJDEN VAN WINKELS

Over het algemeen zijn winkels maandag tot en met vrijdag geopend van 9.00 uur (of 9.30) tot 13.00 uur (13.30) en van 15.00 uur (15.30) tot 19.00 uur. Op zaterdag gaan ze gewoonlijk om 13.00 uur dicht, behalve in december, dan blijven ze 's middags open. In winkelstraten of toeristische wijken (Chiado of Belém), openen sommige winkels ook zatermiddag hun deuren; in Baixa zijn de meeste gesloten.

WINKELEN IN HET WEEKEINDE

De supermarkten zijn op zaterdag de gehele dag geopend (Pingo Doce), sommige (Pão d'Açucar Extra) zijn zelfs 365 dagen per jaar van 7.00 tot 2.00 uur in de ochtend open. De winkelcentra blijven het gehele weekeinde open van 10.00 tot 23.00 uur. Dat geldt voor Amoreiras (Rua Eng. Duarte Pacheco, ☎ 3810200), het winkelcentrum Alvalade (Praça de Alvalade, ☎ 7955224), het Colombo Shopping Center (Av. General Norton de Matos, Luz) en

Cascais Shopping (Est. Nacional 9, Alcabideche, ☎ 4600053). Daar vindt u net zo goed kleine kleding- en schoenenwinkels, winkels waar u mooie dingen voor uw huis kunt kopen en grote levensmiddelenzaken. In het cultureel centrum van Belém zijn sommige winkels zaterdagmiddag en zondag open.

De rommelmarkten worden op zondag gehouden: langs de kust tussen Lissabon en Cascais (om beurten in Alges, Paço do Arcos, Oeiras en Cascais) en in São Pedro de Sintra.

BETALEN

In de meeste winkels worden internationale creditcards geaccepteerd (Visa, Mastercard en iets minder vaak American Express en Diners). Als dat niet zo is, kunt u het beste geld opnemen bij een van de vele geldautomaten en contant betalen. Bij het betalen met travellercheques of buitenlands geld wordt een hoge commissie berekend. Bij elke betaling moet de winkelier u een kwitantie geven, die u goed moet bewaren. Meestal is de rekening van uw aankoop erg belangrijk: het kan zijn dat u ernaar wordt gevraagd bij de douane en hij kan nuttig zijn als u iets wilt ruilen of misschien moet u hem aan uw verzekeringsmaatschappij kunnen tonen als u wordt bestolen. Vraag altijd een rekening én een echtheidscertificaat als u een kunstwerk of een antiek meubelstuk koopt.

DOUANE

Hier hoeft u geen grote verrassingen te verwachten. Portugal maakt deel uit van de Europese Unie en u mag alles uitvoeren wat u goed dunkt. Er zijn alleen beperkingen gesteld op de in- en uitvoer van sigaretten, alcohol, koffie en thee (zie blz. 6).

Bij een dure aankoop, wat het ook is, moet u controleren of op de rekening en het certificaat van echtheid de herkomst en de prijs zijn vermeld.

GROTE DINGEN MEENEMEN

Als u bang bent dat u uw prachtige paneel *azulejos* of het aardewerk servies waarvoor u bent gevallen, breekt, moet u van tevoren bij de winkel informeren of ze de goederen ook transporteren. Veel winkels doen dat (zeker als ze gericht zijn op het contact met toeristen). Ze maken meestal gebruik van koeriersdiensten, die in Portugal tamelijk efficiënt werken. U kunt natuurlijk ook zelf naar het postkantoor gaan en van het beschikbare verpakkingsmateriaal gebruikmaken. De prijs varieert afhankelijk van het gewicht. Pas wel op, zeer breekbare dingen worden niet verzekerd en de omvang van de pakketten is beperkt.

Als u geen weerstand hebt kunnen bieden aan een smeedijzeren of een beschilderde houten bank, moet u een gespecialiseerde transportdienst bellen:

TNT Express Worldwide (☎ 8484131). Uitsluitend voor serviezen en *azulejos*, per vliegtuig (24 uur, 16.000$ voor 5 kg) of per vrachtauto (een week, 23.000$ voor 11 tot 25 kg), de goederen kunnen apart worden verzekerd.

Transportes Galamas (☎ 4443021). Meubels en kunstwerken, de goederen worden voor u ingepakt en verzekerd, prijsopgave op afspraak (ze kunnen in de winkel een schatting komen maken), het transport wordt aan verhuizingen gekoppeld (goedkoper, maar het duurt langer, reken op vier tot vijftien dagen).

DAMESMODE

Sinds enkele jaren is er een nieuwe generatie Portugese ontwerpers, van wie de ateliers in Bairro Alto en Chiado goede zaken doen. Naast namen die in het buitenland zijn doorgedrongen, zoals Ana Salazar, Fátima Lopes en José Carlos, komen er andere stilisten op met een heel eigen stijl (José Antonio Tenente, Nuno Gama, Manuel Alves/José Manuel Gonçalves). Weer anderen, die nog nauwelijks bekend zijn, tonen hun unieke of op maat gemaakte modellen (João Tomé en Francisco Pontes, Dino Alves en Lena Aires bijvoorbeeld). Bovendien bieden de vele confectiezaken in Lissabon een uitstekende prijs-kwaliteitverhouding.

STILISTEN EN ONTWERPERS

Ana Salazar

Rua Nova do Almada 89, Chiado.
☎ 3461288.
Ma-za 10.00-19.00 uur.
Avenida de Roma 16E, Avenidas.
☎ 8486799.
Ma-za 10.00-19.00 uur.

Zij is de *grande dame* van de Portugese mode en zonder twijfel de beroemdste ontwerpster uit Lissabon. Veel leer en glanzende, soepel vallende synthetische materialen. Neutrale tinten: zwart, grijs, bruin, marineblauw en wit. Draperieën, lange, nauw-sluitende modellen. Een compleet programma. Of u vindt het prachtig of u haat het, oordeel zelf maar.

Gardénia

Rua Nova do Almada 94/96/98/100, Chiado.
☎ 3472026.
Ma-za 10.00-19.00 uur.

In een pas gerenoveerd gebouw in het Chiado vindt u een ruime, lichte, goed verzorgde ruimte. U krijgt meteen zin om te kopen, want alles hangt aantrekkelijk uit-gestald in zogenaamde 'corners', waardoor u de weg vindt in de jungle van de stilisten. Nuno Gama en Fátima Lopes kunnen zich meten met veel andere ontwerpers uit Portugal en andere landen. Originaliteit verzekerd.

Fátima Lopes

Avenida de Roma 44 D/E, Avenidas.
☎ 8495986.

Ma-vr 10.30-19.30 uur, za 10.30-13.00, 14.00-19.30 uur.

Fátima Lopes behoort tot een nieuwe generatie stilisten die hun naam al hebben gevestigd. Voor haar is mode een manier om met anderen te communiceren. Ze maakt gebruik van vormen die nog het meest op silhouetten lijken. Ze speelt met geometrische uitsnijdingen en felle, sprekende kleuren bloedrood, felblauw, zwart en wit). Ze heeft duidelijk gekozen voor moderne, synthetische materialen, zoals kevlar, kant van lycra, polyamide en skai. Sinds kort maakt ze een lingeriecollectie haar aanbod compleet: deze is sensueel en gewaagd, zoals het hoort.

Manuel Alves & José Manuel Gonçalves

Rua da Rosa 85-87, Bairro Alto.
☎ 3422509.
Ma-za 14.00-20.00 uur.

Dit baanbrekende duo in de hedendaagse Portugese mode heeft zich in Bairro Alto gevestigd met twee winkels (dames- en herenmode) waar een intieme en prettige sfeer hangt. Zij houden vooral van losvallende stoffen en lange, asymmetrische creaties en verwerken hier en daar iets exotisch (Chinese kragen en oosterse zijden stoffen). Het resultaat is: zeer vrouwelijke, geraffineerde en elegante kleding.

PORTUGESE TEXTIEL

De textiel- en kledingsector is een van de belangrijkste in de Portugese economie: 20 procent van de uitvoer, eenderde van de banen in de industrie en meer dan 570 miljard escudos omzet per jaar. Portugal is van oudsher toeleverancier van andere Europese landen, dankzij zijn goedkope arbeidskrachten, maar het wordt langzamerhand sterker en begint zijn eigen confectie op de markt te brengen en zich te onderscheiden met merken, kwaliteit en know how.

José Carlos

Travessa do Monte do Carmo 2, Chiado.
☎ 3472547.
Ma-za 11.00-20.00 uur.

De mode van José Carlos is verrassend in zijn veelzijdigheid. Hier kunt u alle vrouwen die in u hebt kleden en zelfs die waarvan u het bestaan niet vermoedde. Voor de sexy zakenvrouw zijn er de goed gemaakte jasjes met uitdagende decolletés en de soepel vallende leren jurkjes. Scheherazade kan zich voor een avond hullen in een ongelooflijk gewaad uit Duizend-en-één-nacht. Nachtvlinders gaan uit in een lange kokerjurk van doorschijnende mousseline, waarvan de listige splitten niets van hun rondingen aan de verbeelding overlaten.

José Antonio Tenente

Travessa do Carmo 8, Chiado.
☎ 3422560.
Ma-za 10.30-19.30 uur.

Deze ontwerper is uitverkoren om het beeld van de Portugese mode uit te dragen tijdens de Expo'98. Alle medewerkers zijn door José Antonio Tenente gekleed, rekening houdend met de kleurstelling van het logo: blauw en geel.
In zijn winkel in het Chiado vindt u echter zijn gewone collectie: goed gesneden zijden, katoenen of wollen jasjes in krachtige kleuren. Om kort te gaan: deze kleding zit u gegoten en u wilt haar nooit meer uittrekken.

Loja Branca

Praça das Flores 48A, S. Bento.
☎ 609028.
Ma-vr 14.00-20.00 uur.

Manuela Gonçalves ontwerpt unieke kledingstukken voor unieke vrouwen. Haar zaak ligt wat verwijderd van de ontwerpers van Bairro Alto, maar haar

Cristina Lopes
Rua do Carmo 31, Loja 6, Chiado.
☎ 3432143.
Dag. 10.00-19.30 uur.

Weinig modellen en van elk slechts één maat: een klein aantal goed gesneden jurken, jasjes en rokken in mooie stoffen. Als u in de bestaande collectie niet vindt wat u zoekt, maakt men het model van uw keuze in uw maat en in de door u gewenste stof (20.000$ voor een jasje en 7000 $ voor een japon). U moet

mooie winkel aan de Praça das Flores zal u bevallen. Geen flauwekul en alles is echt mooi en goed draagbaar. De materialen zijn natuurlijk, de vormen origineel, eenvoudig en elegant. Misschien maar goed dat hier geen creditcards worden geaccepteerd, anders zou men zich hier vast en zeker arm kopen!

Lena Aires
Rua da Atalaia 96, Bairro Alto,
☎ 3461815.
Ma-za 14.00-18.00 uur.

Maak een rondreis door de psychedelische wereld van Lena Aires als u zich op de hoogte wilt stellen van de nieuwe lichting Portugese ontwerpers: hier worden kleuren en materialen gecombineerd die u niet direct zou verwachten (zie blz. 44).

er dan wel twee weken op wachten en er ook mee rekening houden dat u havenbelasting moet betalen.

DAMESMATEN					
Bb's en body's					
Maten in Nederland en België					
80	85	90	95	100	105
Maten in Portugal					
36	38	40	42	44	46
Kleding					
Maten in Nederland en België					
36	38	40	42	44	46	48
Maten in Portugal					
34	36	38	40	42	44	46

CONFECTIEKLEDING

Lassofoi

**Av. Alvares Cabral 24 B,
Rato.
☎ 3853333.
Ma-vr 10.00-
19.00, za 10.00-
13.00 uur.**

Gloria Gautier,
een van origine
Franse
ontwerpster,
maakt kleurige
kleding van
moderne stoffen,
waarin men zich
prettig voelt, zoals
encel (een
mengsel van zijde
en viscose, waarvan
het geheim nog
altijd goed bewaard
wordt). Dit zijn
kleren waarin u zich
goed voelt en waarin u
goed tot uw recht
komt. Alle modellen
worden in ver-
schillende kleu-
ren en ver-
schillende
lengten
gemaakt, u
kunt dus
indeloos combineren. De prijzen
zijn overigens heel redelijk.

Pied'poule

**Avenida de Roma 38 B,
Avenidas.
☎ 8479427.
Dag. 10.00-19.30,
za 10.00-
13.00,
15.30-
19.00 uur.**

Dit is een
van de drie
winkels in
Lissabon
van deze
Portugese
fabriek.
Lichte,
katoenen
stoffen, klas-
sieke vormen,
maar alles
past bij elkaar en
is er in alle kleu-
ren om eindeloos
te combineren. De
prijzen zijn be-
scheiden (15.000
tot
17.000$
voor een
japon,
20.000 tot
25.000$ voor
een jasje,
8000 tot 10.000$ voor een rok of
pantalon) voor kleren die
gemakkelijk zitten en altijd
kunnen worden gedragen.

ACCESSOIRES VOOR DAMES: TASSEN, HANDSCHOENEN, HOEDEN, SIERADEN

Portugal is niet voor niets de tweede schoenenproducent van Europa. Het aanbod en de prijzen zijn zeer gevarieerd: handgemaakte schoenen zijn duur (maar minder duur dan elders in Europa), maar er zijn ook genoeg goedkope te vinden. Accessoires spelen een grote rol: tassen, handschoenen, hoeden en sieraden worden nog volgens de oude tradities gemaakt: de vormen zijn misschien niet zo modern, maar de prijzen zijn erg aantrekkelijk.

TASSEN

Malas do Rato

**Largo do Rato 9C,
S. Bento/Estrela.
☎ 3873833.
Ma-vr 9.00-19.00, za
9.00-13.00 uur.**

Malas om verliefd op te worden: handtassen, schoudertassen, boodschappentassen, rugzakken en schooltassen in alle kleuren en alle materialen (glad leer, ruw leer, suède, stof, vinyl). De meeste zijn *made in Portugal* en de prijzen zijn heel schappelijk: 5000 tot 8000$ voor een damestas met leren buitenwerk, 10.000 tot 15.000$ voor een volledig leren tas en mooie Italiaanse tassen voor meer dan 20.000$.

Pelusca

**Praça da Figueira 5,
Baixa.
☎ 3476096.
Ma-vr 9.30-19.00, za 9.30-13.30 uur.**

Een pijpenla vol tassen. Klassieke modellen in naturel, marineblauw of zwart, volledig van leer, maar ook fantasie-reiszakken in de laatste modekleuren (van appelgroen tot felgeel) voor slechts 5000$. Denk eraan dat voor deze prijs alleen het buitenwerk van leer is. Ideaal voor een bevlieging voor de zomer of voor een avondje uit.

Grã-Via

**Espaço Chiado,
Rua da Misericórdia 12,
Lojas 14 en 42,
Chiado.
☎ 3472485.
Ma-vr 10.30-19.00, za 10.30-13.00 uur.**

Dit is een mooie, elegante winkel in het chique winkelcentrum Chiado. Het assortiment tassen en koffertjes is klassiek wat vormen en kleuren betreft (bruin, marineblauw en zwart). Alle modellen zijn in het noorden van Portugal gemaakt van mooie, speciaal geselecteerde huiden. Reken ongeveer 15.000$ voor een volledig leren rugzak en 25.000$ voor een mooie schooltas.

HANDSCHOENEN EN HOEDEN

Luvaria Ulisses

**Rua do Carmo 87 A,
Chiado.
☎ 3420295.**

Zonder twijfel is dit de kleinste etalage van Lissabon. Reken maar dat u hier de handschoen wordt toegeworpen! Van soepel en van ruw leer, suède, kant, in klassieke

en in modekleuren, met of zonder stiksels: *luvas* (handschoenen) voor elke gelegenheid (vanaf 6000$). Leg uw hand op het leren kussentje op de toonbank en laat u een handschoen aanmeten.

Pas op! Er kunnen niet meer dan twee mensen tegelijk de winkel in.

Chapelaria Azevedo
Praça do Rossio 73,
☎ 3427511.
Dag. 9.00-19.00, za 9.00-13.00 uur.

De traditionele hoedenmaker van Lissabon. Ga eens kijken in deze volledig houten winkel en pas dan meteen eens enkele hoeden. Ze zijn er in alle vormen en kleuren, van de borsalino tot de panama, maar u vindt hier ook allerlei feestelijke hoofddeksels met of zonder veren.

SIERADEN
Dom Pedro V Joias
Rua D. Pedro V 9/11,
Príncipe Real.
☎ 3433845.
Dag. 10.30-19.30, za 10.30-14.00 uur.

De schaarse objecten zijn allemaal met zorg gekozen. Hier vindt u originele creaties van Vittorio Secco, de beroemde

Portugese ontwerper die zich nog maar kort met sieradenmaken bezighoudt. Hij liet zich inspireren door de ontdekkingsreizen en verbindt thema's als de zee en de aarde met exotische motieven uit Macau of Japan. Ook combineert hij verschillende soorten en kleuren goud met edel- en halfedelstenen.

Artefacto 3
Rua da Rosa 158/160 A,
Bairro Alto.
☎ 3423562.

Laat u niet afschrikken als deze winkel gesloten lijkt, klop gewoon aan bij het vlakbijgelegen atelier (ga op de hoek van de straat linksaf en loop enkele meters omlaag). Alexandra, Paula of Teresa zullen u altijd graag hun unieke en originele werkstukken laten zien die ze zelf ontwerpen en uitvoeren in edelmetalen en halfedelstenen. De uiteenlopende stijlen zullen u zeker fascineren.

HIER IS HET GOUD NOG ZUIVERDER

Portugal is een van de weinige landen in Europa waar men nog goud vindt van meer dan 18 karaat. Het 'Casa de Moeda Portuguesa' zet op alle in Portugal verkochte juwelen zijn *contraste* (stempel) dat de echtheid en de zuiverheid van het metaal bewijst: 19,2 karaat. Met karaat wordt het percentage puur metaal in een legering aangegeven; het vertegenwoordigt 1/24 van de totale massa. Goud van 24 karaat is dus puur goud, 18-karaats goud is 75 procent zuiver en 19,2 karaats 80 procent. Koop nooit goud zonder het officiële *contraste* te controleren. Naast dit merk vindt u vaak nog een ander, dat van de juwelier die het sieraad maakte, en soms nog een derde, dat van de verkoper. Liefhebbers van juwelen moeten in de Rua do Ouro en het Chiado gaan kijken. Twee traditionele winkels:
Ourivesaria Sarmento, Rua do Ouro 251, ☎ 3426774; **Ourivesaria Silva**, Praça Luís de Camões 40, ☎ 3426774.

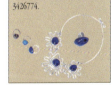

ZOLANG ER MANNEN ZIJN

L issabon is zeker niet de hoofdstad van de herenmode. Toch, zolang er mannen zijn, moderne en klassieke, intellectuele en sportieve, kortom echte mannen die houden van de zee, de aarde, voetbal, muziek, boeken en reizen, zolang zijn er winkels voor hen en voor hen alleen. Het is aan u om de winkels te ontdekken die de man die in u huist, aanspreekt.

VAN TOP TOT TEEN

Manuel Alves & José Manuel Gonçalves

Rua da Rosa 39, Bairro Alto.
☎ 3422509.
Ma-za 14.00-20.00 uur.

Als u uitgesproken modern bent en altijd vooroploopt als zich nieuwe trends aandienen, is er voor u een hele generatie jonge Portugese ontwerpers die weet hoe ze de moderne of, zo u wilt, postmoderne man moet kleden. In het piepkleine winkeltje van deze twee ontwerpers vindt u goed gesneden jasjes en wollen of zijden jacks in gedekte kleuren (grijs, blauw, kastanje) met steeds een origineel detail (zakken, kragen, knopen), maar in een zuivere, draagbare stijl. Voor de durfals onder ons.

Rosa & Teixeira

Av. da Liberdade 204, Baixa.
☎ 3110350,
fax 3110359.
Ma-vr 10.00-19.30, za 10.00-13.00 uur, zo gesl.

Cardoso Botelho

Av. da Liberdade 144-156 Baixa,
☎ 3472255.
Ma-vr 10.00-19.00, za 10.00-13.30, 15.30-19.00 uur, zo gesl.

Als u meer van het klassieke tot chique type bent, houdt van mooie materialen, zoals scheerwol, katoen en kasjmier, en een onberispelijke snit zonder verrassingen, en wanneer geld geen rol voor u speelt al het om kwaliteit gaat, dan zijn deze adressen iets voor u: verantwoorde winkels met houten meubels, dikke tapijten en met velours beklede stoelen. U wordt hier als een heer behandeld en kunt zelfs kostuums en overhemden op maat laten maken.

IN HEMDSMOUWEN

Als u van het verstrooide type bent dat het liefst in hemdsmouwen loopt, maar merkt dat uw lievelingshemden wat versleten raken, moet u zich vervoegen in het kleine atelier van het **Hospital das Camisas**, waar stoffen en hemden in stapels liggen te wachten om gerepareerd te worden. Hier worden wonderen verricht! Kraag of manchetten versleten? Hebt u liever korte mouwen? U kunt het zo gek niet bedenken, als u uw hemden hier brengt, krijgt u ze terug als nieuw voor een ongelooflijk bescheiden prijs (van 900 tot 1200$). Als u een nieuw, op maat gemaakt hemd wilt, gaat u naar **Mangas de Camisas** waar men 350 verschillende stoffen aanbiedt voor 25 modellen overhemd. Men werkt snel en het kost niet al te veel.

Hospital das Camisas, Poço Borratem 25 (Baixa).
☎ 8863402.
Ma-vr 9.30-13.00, 15.00-19.00, za 9.30-13.00 uur.

Mangas de Camisas, Largo Jean Monet 1, Loja G.
☎ 3556743.
Ma-vr 10.00-19.00 uur.

Sapataria Presidente
Rua 1 de Dezembro 9, Baixa.
☎ 3423770.
Ma-vr 10.00-19.00, za 10.00-13.00 uur.

Sapataria Lord
Rua Augusta 201, Baixa.
☎ 3461013.
Ma-vr 10.00-14.00, 15.00-19.00, za 10.00-

14.00 uur.

Voor mannen die er graag mooi bijlopen, het liefst in hand-gemaakte kleding. Ga maar eens kijken bij de Portugese schoenen. Verwacht daar niet de Italiaanse look aan te treffen, maar u kunt rekenen op een mooie ambachtelijke kwaliteit. Controleer waar de schoenen vandaan komen: als dat S. João de Madeira (noord) is, maakt u een goede kans dat ze

volledig met de hand zijn gemaakt van speciaal geselecteerde huiden. Voor 15.000-20.000$ hebt u al een mooi klassiek paar.

SPORTIEF OF INTELLECTUEEL?

100 % Surf
Rua Coelho da Rocha 20A.
☎ 3957322.
Ma-vr 10.00-19.00, za 10.00-13.00, 14.00-19.00 uur.

Bent u een fan van de kleine plank en de grote golven? Hebt u al eens horen praten over de Guincho, het mooiste strand voor surfers op enkele kilometers van Lissabon (zie blz. 69)? Dan kunt u vast geen weerstand bieden aan de uitdaging uw sport te beoefenen op de rollers van de Atlantische Oceaan. Wat nu, u bent uw plank en uw *wet suit* vergeten! Geen nood, ga als een haas naar de winkel **100 % Surf** aan Campo de Ourique. U vindt er alles wat u maar nodig kunt hebben: van bermuda tot *wet suit*, planken en accessoires in overvloed en, niet te vergeten, schitterend gekleurde hemden om helemaal de *beach boy* uit te kunnen hangen.

Voor de intellectuele boekenwurm die net als E. Wiesel meent dat 'de hel een oord zonder boeken is' en voor wie een weekeinde zonder boeken ondenkbaar is. U zult niet kunnen wachten om ter plekke het *Livro do Desassossego* van Fernando Pessoa, *As Maias* van Eça de Queiroz, uw lievelingstitels van Antonio Lobo Antunes of van Antonio Tabucchi te verslinden, of in ieder geval aan te schaffen. Ga, als u de Portugese taal beheerst, de boekenplanken van een van deze winkels eens verkennen. In de eerste vindt u enkele buitenlandse titels (meestal vertalingen van Portugese auteurs, maar vooral originele uitgaven), in de tweede een mooie en zeer uitgebreide verzameling Engelse titels.

Valentim de Carvalho

Praça D. Pedro IV 55/59, Rossio.
☎ 3425895.
Ma-vr 10.00-21.00, za 10.00-19.00 uur.

Maritima

Doca de Santo Amaro, Alcântara.
☎ 3979598.
Dag. 11.00-20.00 uur.

Als u een echte zeebonk bent, die ervan droomt de trossen los te steken, zult u zich in deze winkel als een vis in het water voelen. Hier ontbreekt niets om goed voorzien van wal te steken: zeil- en touwwerk, oliejassen, truien en kapiteinspetten. U kunt hier een voorraad onbreekbaar servies inslaan en andere accessoires voor uw jacht. Als u dat niet hebt, kunt u altijd nog uw kamer versieren met meubels en voorwerpen die aan de grote plas herinneren.

Livraria Bertrand

Rua Garett 73, Chiado.
☎ 3468646.
Ma-vr 10.00-19.00, za 10.00-13.00 uur.

Livraria Británica

Rua Luís Fernandes 14, Príncipe Real.
Ma-vr 9.30-19.00, za 9.30-13.00 uur.

Voor muziekliefhebbers die de hele dag naar hun walkman luisteren. U kunt zich hier zo veel u wilt in de Portugese muziek verdiepen. Die er voor alle smaken. Veel

Portugese groepen zijn in het
buitenland nog onbekend: grijp
uw kans om uw vrienden bij
thuiskomst te verrassen. Hier
volgen wat suggesties: *Pedro
Abrunhosa e Bandemónio* of
Xutos e Pontape (rock);
Império, Paulo Bragança of
Madre Deus (moderne fado);
Krywall of *Care Canem*
(jazz/barok); *Raul Marqués e os
Amigos da Salsa* (salsa);
Fernando Marqués (gitaar).

Tertulia Festa Brava
**Praça da Alegria 38-C,
Av. da Liberdade.
☎ 3424252.**

Voor wie zich diep in
zijn hart een
torrero voelt
en ervan
droomt de
stier bij de
hoorns te
vatten. U
kunt een
van de
zeldzame
scholen voor
tierenvechters
in het centrum van
Lissabon bezoeken. De
tieren hebben wel hoorns,
maar ze zijn van hout en
staan op wieltjes! De lessen zijn
gratis en met een beetje geluk
kunt u een training meemaken of
er misschien wel zelf aan
deelnemen.

Barbeara Fraga
**Rua Milagres
de S. António 2.**

Voor mannen met baarden. Dit is
nog eens een verleidelijke ervaring: laat u scheren of de haren
knippen bij een kapper van hoge
kwaliteit. Deze barbier van Lissabon mag u niet verwarren met die
van Sevilla! Dat zijn kapperswin-
kel in de straat van de wonderen
van de H. Antonius ligt, zal u ver-
trouwen geven: *corte e lavagem*
(knippen en wassen): 1500$, *corte
de cabelo* (alleen knippen):
1100$, *barba* (baard): 700$.

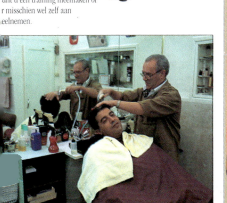

VOOR WIE VAN BIER EN VOETBAL HOUDT

Kies voor wie u bent: *azul,
vermelho* of *verde*. Vergis u
niet in de kleur, want dat kan u
vijanden voor het leven
bezorgen. Hier maakt men geen
grapjes met de *bola* (de bal).
Azul (blauw) is de kleur van
Porto, *vermelho* (rood) die van
Benfica en *verde* (groen) die
van de andere club van
Lissabon, Sporting. Bestel na
het voetbal altijd Portugees
bier. Er zijn twee soorten,
Superbock en Sagres. Het is
onmogelijk te zeggen welke
de beste is, proef en maak
uw keuze.

ALLES VOOR DE KINDEREN

Het kind is koning in Portugal. Als u uw blonde of bruinharige lieverdjes meeneemt, kunt u er zeker van zijn dat de rode loper voor u wordt uitgelegd. Overal vindt u winkels die zijn gericht op *crianças* (kinderen). Ook activiteiten om hen bezig te houden worden hier in overvloed aangeboden.

KLEDING EN SCHOENEN

Bonchic

Rua Tomás Anunciação 19-25, Campo de Ourique.
☎ **3953833.**
Ma-vr 10.00-19.00, za 10.00-13.00 uur.

Dit is de winkel van een klein ambachtelijk atelier. Alles wordt nog met de hand gemaakt van erg leuke stoffen (katoenen popeline, badstof) voor de allerkleinsten (0 tot 4 jaar). De kleren dragen het merk van het atelier, Bolota: schattige smokjurkjes voor kleine meisjes en tuinbroekjes voor kleine jongetjes, zoals ze nergens meer worden gemaakt (minder dan 6000$). Ze verkopen ook mooie accessoires, zoals kinderlakens en houten speelgoed.

Cenoura

Winkelcentrum Amoreiras, Loja 2117.
Av. Duarte Pacheco, Amoreiras.
☎ **3832032.**
Dag. 10.00-13.00 uur.

Rua Augusta 221, Baixa.
☎ **3424677.**
Ma-vr 10.00-19.00, za 10.00-13.00 uur.

Als u uw baby niet in roze of lichtblauw wilt kleden, is dit een erg sympathiek Portugees merk, dat ook niet te duur is voor uw kleine

peenhaar (*cenoura* betekent wortel). De kleuren zijn fel en levendig, de motieven bestaan uit bloemen of ruiten, en de kleertjes zien er altijd vrolijk

uit. Grote mode in kleine maatjes (0 tot 10 jaar) met bijbehorende accessoires, zoals slofjes en schoenen. Als u nog in blijde afwachting bent van het grote moment, vindt u hier ook kleding voor zwangere vrouwen in dezelfde stijl.

DECORATIE EN SPEELGOED

Dessempre

Rua Almeida e Sousa 10 A, Campo Ourique.
☎ **3864022.**
Ma-vr 10.00-19.00, za 10.00-13.00 uur.

De artikelen in deze winkel lijken recht van grootmoeders zolder vandaan te komen. Toch zijn ze fris geverfd en is het blikken speelgoed nog intact. Als u hoopt de pluchen beer uit uw kindertijd terug te vinden of de kleren die de mensen op oude foto's dragen, moet u hier naar binnen gaan. Er wacht u een heel eigen wereld ideaal om een cadeau uit te zoeken voor uw kinderen die thuis zijn gebleven (prijzen vanaf 2500$).

Os Ursitos

Av. da Liberdade 245, Loja Baixa.
☎ **3540086.**

Een droomkamer voor een droomkind. Dat is de slogan van de Spaanse winkelketen *Os Ursit* die ook zijn deuren in Lissabon heeft geopend. Niets ontbreekt er

an bedden en commodes tot
…ehang en stoffen, maar ook alle
…jpassende accessoires (lampen,
…apstokken, lijstjes). U ziet hier
…tsluitend zachte kleuren
…zachtblauw en bonbonroze), in
…le mogelijke patronen: stippen,
…repen, bloemetjes, blokjes. Alle
…eubels zijn van blank hout,
…eschilderd in dezelfde kleuren
…et beertjes, konijntjes, poppetjes,
…allons en autootjes. Dit is
…derdaad een droomwereld, op de
…rijzen na! Maar ach, u kijkt toch
…ker niet op een cent als u iets
…itzoekt voor uw baby.

…baco

…ravessa Légua da Póvoa
…0A, Amoreiras.
☎ 3833648.
…a-vr 10.00-19.00,
…a 10.00-13.00
…ur.

…en
…ote
…imte
…et leer-
…ateriaal
…or kinderen van
…ee tot acht jaar. Veel puzzels en
…uten speelgoed dat hen allerlei
…rrassingen biedt. Alle
…nodigdheden voor verven en
…kenen zijn aanwezig: achter in
…winkel staat een grote
…hildersezel om de materialen te
…oberen. Als u uw kinderen bij u

hebt, wordt het waarschijnlijk een
probleem deze winkel weer uit te
komen.

P'ro menino & p'ra menina
S. Pedro de Sintra.
☎ **9231837.**
Di-zo 10.00-19.00 uur.

Het moet lukken om deze leuke
winkel te vinden, die verborgen
ligt aan een binnenplaats achter
het plein van de markt van S.
Pedro de Sintra. Uw inspanningen
zullen worden beloond:
uitsluitend houten speelgoed,
waar alle ouders van dromen.
Blokken, kleurige letters, leuke
dingen voor de kinderkamer, maar
ook allerlei autootjes en ander
speelgoed in pakkende kleuren.

Hopscotch - Oficina de Brinquedos
Av. dos Bombeiros 16A, Estoril.
☎ **4665379.**
Ma-vr 10.00-19.00, za 10.00-13.00 uur.

Kom binnen in de verrukkelijke
wereld van Hopscotch. U zult zich
in deze winkel voelen als Alice in
Wonderland. Dit is het paradijs
van de poppenhuizen. Ze zijn
allemaal ingericht met meubeltjes
en objecten die echter dan echt
zijn, porseleinen serviezen,
zilveren messen en vorken, met de
hand beschilderde
meubeltjes en
keukenappa-
ratuur
die echt
werkt!
Alles is
uitge-
voerd op
1/12 van de
ware grootte,
óók de poppetjes. Een compleet
poppenhuis is natuurlijk een hele
investering (ten minste 30.000$)
maar u vindt hier ook voorwerpen
die slechts 1000 tot 5000$ kosten.
Kinderen zullen dit prachtig
vinden, maar volwassenen niet
minder.

EEN WEEKEINDE IN LISSABON MET DE KINDEREN

Voorkom dat uw weekeinde
ontaardt in een eindeloos
gezeur om ijsjes en zorg dat uw
reis een feest voor groot en
klein is. Hier volgen enkele
ideeën:
Museu do Brinquedo,
Largo Latino Coelho 9, Sintra,
☎ 9242171, di-zo 9.00-19.00
uur, niet gratis. Als uw kinderen
per se de nogal steile trap niet
ver van het centrum van Sintra
willen afdalen, volg hen dan
maar: hun intuïtie is uitstekend
en voert u rechtstreeks naar het
Speelgoedmuseum, dat goed
verborgen zit in een 19de-eeuws
woonhuis. Het hele gezin zal
verrukt zijn over de twee
verdiepingen met oud, origineel
speelgoed.
Museu das Marionetas,
Largo Rodrigues Freitas 19 1
(Alfama), ☎ 8882841, di-zo
11.00-19.00 uur, niet gratis:
marionetten uit de gehele
wereld midden in de
schilderachtigste wijk van de
stad; de korte rondleiding wordt
meestal besloten met een
voorstelling.
Jardim Zoolettes, Estrada
de Benfica 158, dag. 9.00-18.00
uur ('s zomers 20.00 uur),
☎ 7268447, niet gratis: de
dierentuin ligt in het prachtige,
meer dan 25 ha grote Parque
das Laranjeiras (park van de
sinaasappelbomen). U kunt er
picknicken en behalve de
dierentuin zelf een botanische
tuin bezoeken (bezoek ook het
fraaie rosarium).

AZULEJOS, PORSELEIN EN KERAMIEK

De productie van *azulejos* en serviezen, een van de specialiteiten van de Portugese kunstnijverheid, heeft niets van zijn dynamiek verloren, integendeel. Behalve reproducties van oude modellen vindt u een grote verscheidenheid aan voorwerpen in een moderne stijl, zowel wat motieven als kleuren betreft.

Azulejos Santa Anna

Rua do Alecrim 95, Chiado.
☎ 3422537.
Ma-vr 9.30-19.00, za 10.00-14.00 uur.

Dit is de winkel van de fabriek Santa Anna, een van de weinige 18de-eeuwse fabrieken die nog in bedrijf zijn. Alles wordt hier nog volledig met de hand gemaakt, volgens een oud procédé. Men verkoopt hier panelen, kopieën van oude motieven en decoratieve objecten. Reken 12.000 tot 20.000$ voor een ingelijst *painel*

(van vier tot negen tegels). U kunt de fabriek in Belém bezoeken: **Santa Anna**, Calçada da Boa Hora 96-E, ☎ 3638292, ma-vr 9.00-12.30, 13.30-18.00 uur

Azulejos Santa Rufina

Calçada Conde Panafiel 9A, Castelo.
☎ 8876017.
Di-vr 10.00-13.00, 15.00-17.00 uur.

In dit atelier wordt nog in de oude traditie gewerkt. Daar moet u wel wat voor over hebben: de Calçada do Conde Panafiel is erg steil, zeker als het warm is, maar als u eenmaal boven bent, begrijpt u dat de kunstenaars zich laten inspireren door het uitzicht dat ze uit het raam hebben: dat is werkelijk schitterend. Bij Santa Rufina maakt men vooral reproducties van oude tegels en worden ook cursussen gegeven.

Fabrica Viuva Lamego

Largo do Intendente Pina Manique 28, Mouraria.
☎ 3152401.
Ma-vr 9.00-13.00, 15.00-19.00, za 9.00-13.00 uur, in juli en aug. za gesl.
Calçada do Sacramento 29, Chiado.

☎ 3469692.
Ma-vr 9.00-13.00, 15.00-19.00, za 9.00-13.00 uur.
Alleen al de schitterende gevel me *azulejos* is het waard even een blik te werpen op de fabriek Viuv. Lamego in Mouraria (opgericht 1849). Dit is inderdaad een van mooiste voorbeelden van de 19de eeuwse *azulejo*-kunst, van de hand van de meester Ferreira das Tabuletas. Het is een allegorische verbeelding van de handel en de industrie. Met een beetje geluk kunt u de kunstenaars aan het werk zien. De uitgestalde tegels zijn reproducties van 17de- en 18de-eeuwse werkstukken. (ongeveer 13.000 tot 15.000$ vo een ingelijst paneel van vier tegels). U vindt hier echter ook serviesgoed en als u zelf een motief hebt bedacht, kunt u het bestelling laten uitvoeren.

Ratton

**Rua Academia das Ciências
2C,
Bairro Alto.
☎ 3460948.
Ma-vr 11.00-13.00, 15.00-
18.00 uur.**

Dit is behalve een winkel ook een kunstgalerie. Ratton is de moeite waard om er even te gaan kijken: u ziet dan dat de *azulejos* tegenwoordig een echte kunstvorm zijn en dat ze nog altijd moderne kunstenaars inspireren. Misschien hebt u wel het geluk dat er net een

expositie van Paula Rego of andere gerenommeerde Portuguese kunstenaars wordt gehouden.

Ceramica Cintra Antiga

**Rua da Ferraria 13, Vila Velha, Sintra.
☎ 9235701.**

Azul Cobalto

**Calçada de S. Pedro,
S. Pedro de Sintra.
☎ 9235484.**

In Sintra ziet u vast en zeker wel kunstenaars aan het werk in een van de vele kleine werkplaatsen die nog in de stad in bedrijf zijn. U zult dan schilders zien die op hun schildersezels nauwkeurig 17de- en 18de-eeuwse tegels kopiëren of onder uw ogen echte schilderijen vervaardigen. Elke werkplaats heeft zijn eigen stijl en het werk zal u verrassen.

SPAL Porcelanas

**Winkelcentrum Amoreiras,
Loja 2083,
Amoreiras.
☎ 3832036.
Dag. 10.00-23.00
uur.**

Dit is, met *Vista Alegre*, een van de grote Portugese porseleinfabrieken. De *Sociedade de Porcelanas de Alcobaça* (SPAL) is misschien iets minder prestigieus dan zijn directe concurrent, maar verdient toch de aandacht. SPAL is gespecialiseerd in tafelserviezen (per jaar worden 55.000 artikelen geproduceerd in een ultramoderne fabriek) en heeft onlangs toestemming gekregen van de nationale musea om de stukken uit hun collectie na te maken. Ze bieden een reeks sympathieke artikelen aan die leuke cadeautjes vormen: een asbak met een afbeelding van de trams van Lissabon

---

KERAMIEK, AARDEWERK EN PLATEEL

Alle streken in Portugal of bijna alle hebben hun eigen keramiek-, aardewerk- en plateelfabrieken (zie blz. 19). Laten we van de beroemdste alleen die van de Alentejo noemen, met hun warme terracottakleuren, gemengd met diepblauw en groen, het verfijndere plateel uit Coimbra met ingewikkelder motieven en de serviezen uit Alcobaça en de omgeving van Sintra. Kijkt u maar welke u het mooist vindt en waarvan de kleuren het best bij uw gordijnen passen.

**Mercearia Liberdade,
Av. da Liberdade 207,
☎ 547046 (Baixa).
Santos Oficios,
Rua da Madalena 87,
☎ 8872031 (Castelo).
Olaria do Desterro,
Rua Nova do Desterro 14
(Almirante Reis),
☎ 3548329.
A Zé,
Rua das Padarias 13,
Vila Velha, Sintra.
☎ 9231162.
Solar,
Rua Consiglieri Pedroso
6, Sintra,
☎ 9248245.**

(2800$) of een koffieservies dat de ontdekkingsreizen als motief heeft (zes kopjes en schotels in cadeauverpakking: 9500$).

WITGOED

Portugal is zonder enige twijfel het land van het witgoed. Hier heeft men de tradities van onze grootmoeders in ere gehouden. In veel streken borduurt men nog op linnen en katoen, in veel plaatsen in het noorden klost men nog kant en, op zo'n 100 km van Lissabon, maakt men zacht en soepel badstof. Als u hier uw uitzet hebt samengesteld, hoeft u nooit meer bang te zijn als iemand een blik in uw linnenkast werpt; voor deze kwaliteit hoeft men zich niet te schamen.

HUISHOUDLINNEN

Auri

Av. de Roma 36B.
☎ 8495460.
**Ma-vr 9.30-19.00,
za 9.30-13.00 uur.**

In deze klassieke winkel waar u ook nog een oude, 19de-eeuwse kassa kunt bewonderen, verkoopt men alleen huishoudlinnen. U vindt er *turcos* (handdoeken) uit Torres Novas (een stad ten noorden van Lissabon die gespecialiseerd is in badstof) in alle kleuren en maten (2850$ voor een badhanddoek, 950$ voor een handdoek en 335$ voor een gastendoek). Zo geeft u uw badkamer een geheel nieuwe allure voor een redelijke prijs, de kwaliteit in aanmerking genomen. U vindt hier ook mooie geborduurde tafelkleden uit Viana do Castelo.

Parisemlisboa

Rua Garett 77.
☎ 3468885,
fax 3468144.

Drie verdiepingen met huishoudlinnen van zeer goede kwaliteit. Als u droomt van een romantische uitzet, zoals die van uw grootmoeder, loop dan maar meteen door naar de tweede verdieping: witte, met de hand geborduurde nachthemden, lakens en tafelkleden en ander huishoudlinnen. Op de bovenste verdieping vindt u schitterende stoffen (100 procent katoen) en de eerste is het paradijs van de badstof. Een groot deel ervan is *made in Torres Novas*, het Portugese 'vaderland' van de handdoeken. Ze zijn heerlijk zacht en absorberend en het kleurengamma is zo uitgebreid dat u er zeker de kleur die bij uw

badkamer past, vindt. Verwen uzelf met een complete set: badlakens (2800$ per stuk), handdoeken (950$ per stuk) en gastendoeken (650$ per stuk).

Teresa Alcerim

**Rua Nova de Almada 76,
Winkelcentrum Amoreiras,
Chiado.**
☎ 3421839.
**Ma-vr 10.00-19.00,
za 10.00-13.00 uur.**

In deze winkel verkoopt men kleine cadeautjes die niet te zwaar zijn voor uw koffer. Er is veel keus en de prijzen zijn vriendelijk: een linnen keukendoek of gastendoek kost tussen 450 en 1000$ en servetten met uw monogram 1200$. U zult het moeilijk vinden om een keuze te maken en ook de manier waarop de cadeaus worden ingepakt zal u feestelijk stemmen. U kunt er zeker van zijn dat zo'n pakje, met zijn mooie kleuren en mooie strik, een succes zal zijn.

O Bragal

**Centro Comercial Ibersil,
Loja 46,
Av. da Liberdade 38,
Baixa.
☎ 3425178.**

Hij ligt wat verborgen achter in
het winkelcentrum Ibersil, maar
deze aardige winkel is het waard
dat u er wat langer naar zoekt. U
vindt hier de badstof artikelen van
de *Companhia de Torres Novas*;
bijvoorbeeld badjassen voor
minder dan 6000$ en servetten
voor slechts 5000$. Kijk ook eens
naar de kinderlakens of de met
kruissteken geborduurde luiers.
Echt iets van vroeger dat weer in
de mode komt en waar men maar
moeilijk weerstand aan kan
bieden.

Pano Branco

**Rua do Patrocínio 49,
Campo de Ourique.
☎ 950255.
Ma-vr 10.00-19.00,
za 10.00-13.00 uur.**

De winkel is piepklein, maar erg
uitnodigend met zijn houten
planken die haast bezwijken onder
ze schatten. De kleuren zijn zacht
en het materiaal 100 procent
algodon (katoen) of *linho*

(linnen). Naturel of gekleurde
linnen tafelkleden (2,5 m x 1,5 m:
11.300$) en gesorteerde servetten
(4850$ per zes stuks); badstof
handdoeken (2900$ voor een bad-
laken, 1200$ voor een grote hand-
doek en 450$ voor een kleine),
stoffen om de wieg mee te beklе-
den en voor de babyuitzet
(badjasjes en badcapes), alleen als
u van de klassieke babykleuren
roze of zachtblauw houdt.

Violeta

**Rua das Padarias 19,
Sintra.
☎ 9234095.**

Dit is een leuke winkel in een van
de oude, steile straatjes in Sintra.
U moet wel wat te besteden hebben, want witgoed als dit maakt
men bij ons niet meer. Als u van
traditionele babykleertjes houdt,
kunt u hier voor de allerkleinsten
met kruissteken geborduurde
lakentjes kopen, met stof
overtrokken mandjes, dekbedjes
en doopjurken. Voor grote
mensen zijn er handdoeken en
tafellinnen van met de hand
geborduurd linnen of katoen.
Het is duur, maar de kwaliteit
is er dan ook naar.

Turcos
e Bordados

**Rua Ferreira
Borges 149 A,
Campo de
Ourique.
☎
3852450.
Ma-za 10.00-
19.00 uur.**

Het mooiste zou zijn
om uw complete uitzet
naar deze winkel mee te nemen
en hem van uw initialen te laten
voorzien. Een van de zeldzame
zaken waar men de kwaliteit van

KANT

De geschiedenisboeken
vertellen dat een koninklijk
decreet tot in de 18de eeuw het
gebruik van uit de Nederlan-
den, België en Frankrijk
geïmporteerde kant verbood.
Joana Maria de Jesus, een jonge
vrouw uit het noorden, kreeg
koninklijke toestemming om
huishoudelijke artikelen van
kant te maken, op voorwaarde
dat ze zich zou beperken tot de
productie van lakens, tafelkleden en keukendoeken. Sindsdien heeft het *renda de bilro*
(het kantklossen) zich ontwikkeld vanuit de motieven uit
Vlaanderen, waarna een eigen
stijl ontstond. Het werd vooral
in vissersdorpen gedaan, want,
zoals het spreekwoord zegt:
'onde há rede, há rendas'
(waar netten zijn, is kant).

ambachtelijk werk met moderne
technieken weet te combineren:
met een computergestuurd
systeem kan men hier alle
lettertypen en motieven maken
(350$ per hoofdletter en 100$ per
kleine letter). Als u uw linnengoed
niet bij zich hebt, kies dan iets uit
de getoonde collectie: twee
kwaliteiten badstof: 400 g/m^2 of
500 g/m^2 en vier maten servetten
in meer dan twintig kleurstellin-
gen. Er moet hier toch wel iets zijn
wat u in verleiding brengt.

WONINGINRICHTING

De Portugezen besteden veel aandacht aan de inrichting van hun huis. Hun voorkeur gaat uit naar warme materialen (veel hout), gecompliceerde vormen (smeedijzer) en gedrapeerde, kleurige gordijnen. Geen detail lijkt aan het toeval te worden overgelaten en men combineert naar hartelust traditionele kunstnijverheid met modern design. Dat levert een schat aan ideeën op.

Loja da Atalaia
**Rua da Atalaia 71,
Bairro Alto.
☎ 3462093.
Dag. 14.00-20.00, zo gesl.**

In deze meubelgalerie staan alleen maar erg mooie (een helaas erg dure)objecten. Canapés, tafels en stoelen uit de jaren vijftig staan naast nog oudere Portugese of buitenlandse meubelstukken van grote waarde. Authentieke vazen van Venetiaans glas en Muranoglas, getekend door Venini, pronken trots op de tafels. Jawel, ze zijn te koop, maar misschien is het niet verstandig om naar de prijs te vragen. Kijk gerust rond, maar *for your eyes only*. Margarida ontvangt u met een glimlach, ook als u niets wilt kopen.

Tom Tom Shop
**Rua do Século 4,
Bairro Alto.
☎ 3479733.
Ma-vr 13.00-20.00,
za 11.00-19.00 uur.**

Dit is het domein van het metaal. Voor uw high-techkeuken vindt u hier de accessoires waar u al lang naar hebt gezocht. Kijk eens naar de tafelkleden van veelkleurig madras om 's zomers buiten de tafel mee te dekken. Originaliteit troef tot aan de barokke foto-lijstjes. Als u de foto van uw geliefde echt niet kunt missen, ook niet als u in het bad zit, kies dan een opblaasbare, drijvende fotolijst. De liefhebbers van Italiaans design moeten meteen doorlopen naar de vitrine met alleen Alessi, daar vindt u alles wat uw hart begeert.

Vermelho de Março

**Rua do Século 104,
Bairro Alto.
☎ 3431223.
Ma-vr 13.00-20.00 uur,
za 11.00-19.00 uur.**

De inrichting van de winkel is al
een verhaal op zich: onbewerkt
parket, pastelkleuren, patina op
het hout, verouderd of verkleurd
smeedijzer. U zult hier originele
ideeën opdoen, zoals een vaas voor
één bloem die u aan de muur
kunt hangen (vanaf 2800$) of in
zachte kleuren beschilderde
houten lijsten. Misschien droomt
u wel van een een vissershuis op
het strand terwijl u de witte,
steenrode of gebroken witte
meubels bewondert.

Bazar Paraiso
40/42

**Rua do Norte 40-42,
Bairro Alto.
☎ 3430359.
Ma-vr 12.00-18.00,
za 14.00-18.00 uur.**

Deze winkel, waar het naar
wierook en patchoeli ruikt, valt
onder de rubriek ondefinieerbaar:
u ziet er art-déco, kleding,
grammofoonplaten,
Indiase tafelkleden en
allerlei andere voorwerpen uit alle
hoeken van de wereld. Iedereen
vindt er wel iets van zijn
gading. Misschien bezwijkt u
voor de kleine Afrikaanse
koffertjes, beplakt met oude
reclames, krijgt u zin uw
zoutloze leven te beteren
(zout- en pepervaatjes in
de gekste vormen) of
besluit u een verzameling
etnische kunst aan te
leggen (houten beeldjes,
maskers).

Lartenautica

**Cultureel centrum van Belém.
Dag. 11.00-14.30,15.30-
20.00 uur, ma gesl.**

Als u denkt dat u kapitein Haddock
bent, vindt u hier alles om bij u
thuis de wereld van een echte zee-
man vorm te geven: patrijspoort-
spiegels, stoffen met zeemotieven,
stroppen om iemand op te
knopen, schepen in flessen,
meubels en navigatie-instrumenten (scheepskompassen, zakkom-
passen) die weliswaar nieuw
gemaakt zijn, maar niet van oud
te onderscheiden.

Semnome

**Rua António Mario Cardoso
64, Chiado.
☎ 3429981.
Ma 15.00-20.00, di-vr
11.00-14.00 en 15.00-
20.00, za 11.00-14.00 en
15.00-18.00 uur.**

Om uw ladenkasten nieuw leven
in te blazen, vindt u hier
knotsgekke handvaten

en nog veel meer. Geef uw kasten
en commodes een eigen gezicht
door hier een zon, een maan, een
kwal of een zeester van kunststof

of metaal te kopen (ongeveer
2200$ per stuk). Deze winkel
zal u vast nog veel meer
aangename verrassingen bereiden
en is best een kleine omweg waard
tijdens een dagje winkelen in het
Chiado.

Adro

**Rua Nova de Almada 26-28,
Chiado.
☎ 477528, fax 3462977.
Ma-vr 10.00-19.00,
za 10.00-13.00 uur.**

Heel mooie boerse Portugese
meubels staan hier naast met zorg
uitgekozen decoratieve objecten. U
vindt hier alles om aan uw hang
naar het exotische tegemoet te
komen, dankzij een collectie
voorwerpen uit India en China
(porselein, beeldjes, maskers en
allerlei snuisterijen).

Mar & Mar

**Rua António Mario
Cardoso 70,
Chiado.
☎ 3430478.
Ma-vr 11.00-20.00, za 11.00-
13.00 en 15.00-18.00 uur.**

Het is onmogelijk deze winkel
binnen te gaan en er niet beladen
met pakjes weer uit te komen. De
kleuren van de zee vormen samen
met zacht anijsgroen en fel oranje
een suggestieve achtergrond
waartegen de voorwerpen en
meubels fraai afsteken. Er zijn
borden van gekleurd keramiek
(in de Alentejo gemaakt volgens
de technieken van vroeger, maar
met de motieven en kleuren van
nu), originele placemats, lijsten,
kaarsen, fotoalbums, kortom
stapels betaalbare leuke dingen
vanaf 3000$.

Vivamus

**Praça de Londres 8,
Avenidas.
☎ 8474834.
Dag. 10.00-19.00,
za 10.00-14.00 uur.**

De met saffraangele badstof
beklede muren zetten de toon in
deze winkel voor woninginrichting. Hier heerst een zuidelijke
sfeer en kunt u allerlei voorwerpen
vinden die aan de zee doen
denken. Linnen gordijnen met
schelpenpatronen en oceaan-
kleurige memoblokjes geven uw
huis een maritiem tintje. Er zijn
ook veel naturelhouten of beschilderde lijsten, waarin u op
originele wijze uw lievelings-
souvenirs kunt bewaren (ongeveer
3000 tot 5000$ per stuk).

Etamine

**Avenida de Roma 42 A/C,
Avenidas.
☎ 8472520.
Ma-vr 10.00-13.30, 14.30-
19.00, za 10.00-13.30 uur.**

U vindt in deze winkel twee
verdiepingen met van alles om uw
ingevingen op het gebied van de
woninginrichting te bevredigen.
Schitterende barokke of klassieke
fotolijsten, houten dienbladen,
kleurige tafelkleden, maar ook
stoffen per meter en kleine
meubeltjes van beschilderd hout.
Misschien laat u zich
verleiden
door

een groot diep bord of een ander
stuk servies uit Alcobaça (een stad
ten noorden van Lissabon waar
mooi keramiek vandaan komt) of
misschien wel door een compleet
servies! (tussen 1800 en 2100$
voor een bord en tussen 6000 en
8000$ voor een schaal of kom).

Manueis

**Rua Federico Arouca 91,
Cascais.
☎ 4833452.
Ma-vr 10.00-19.00,
za 10.00-13.00 uur.**

Twee Manuels met een heleboel
ideeën voor een droomhuis
begonnen de winkel *Manueis* in
Cascais. Hier wordt met zorg de
sfeer nagebootst van een kamer
met smeedijzeren bed, een tapijt
uit Arraiolos en mooie stoffering.
U vindt alles voor in huis,
inclusief originele ideeën.
Opbergdozen van stof, van karton
en van hout, handdoeken en
keukendoeken en allerlei
voorwerpen voor de
keuken en de
badkamer.

Meubelstoffen

De Portugezen zijn gek op mooie stoffen en stofferen hun ramen met gordijnen in originele vormen en kleuren. U zult zien dat ze zich wat hun stoffen betreft door de Engelsen laten inspireren. U vindt in Portugal stoffen die zich eindeloos laten combineren en ideeën te over voor gordijnen die uw vensters iets feestelijks geven. De meeste stoffen zijn 1,50 m breed en hebben schappelijke prijzen (tussen 2000 en 4000$ per meter). Meet voor gordijnen de hoogte van uw venster voor u weggaat en koop twee keer deze maat, reken voor een tafelkleed 20 tot 30 cm extra aan elke zijde en tel daar voor zes servetten ongeveer 90-100 cm stof bij op. Hier volgen twee adressen in de wijk Campo de Ourique waar u niet omheen kunt als het om stoffen gaat:

Santo Contestavel, Rua Saraiva Carvalho 354C, ☎ 3963841, ma-vr 10.00-19.00, za 10.00-13.00 uur.

José Manuel Vidal, Rua Saraiva Carvalho 356B, ☎ 3975486, ma-vr 10.00-19.00, za 10.00-13.00 uur.

António Eduardo Dias

Rua Consiglieri Pedroso 11, Sintra.
☎ **9235194.**
Dag. 10.00-18.00, zo gesl.

Dit is geen winkel, maar een werkplaats. Hier bewerkt men smeedijzer en maakt men alles wat u maar wenst op maat. Neem uw ontwerp voor een theehuisje of een klein barok salontafeltje mee, als u tenminste geen hoofdeind voor uw bed wilt bestellen. De prijzen zijn redelijk, maar informeer van tevoren naar de prijs van het model van uw dromen. U zult zien dat deze meevalt.

ANTIEK, KUNST EN *VELHARIAS*

Lissabon heeft de reputatie een paradijs te zijn voor de liefhebber van rariteiten en oude dingen. Het aantal antiekwinkels, uitdragers, bric-á-braczaakjes en antiquariaten is inderdaad indrukwekkend. Zeldzame stukken hebben helaas ook zeldzame prijzen en goedkope *velharias* (oude dingen) stellen niet veel voor.

ANTIEK

Intermobília (R. Quintela & F. Moncada & J. Andrade)

Rua Escola Politécnica 39, Príncipe Real.
☎ 3424964.
Ma-vr 10.00-19.00, za 11.00-13.00 uur.

Deze grote antiekzaak is een lust voor het oog: er staan prachtige 19de-eeuwse Portugese meubels, schilderijen, oude porseleinen serviezen en veel authentieke houten beelden. In deze winkel kunt u bijvoorbeeld een *santo da roca* uit de vorige eeuw kopen. Dat is een soort houten paspop met een porseleinen kop die een heilige voorstelt en ter gelegenheid van een processie werd aangekleed. Dat is nog eens een origineel oud ding dat u nergens anders zult aantreffen. De kleinste poppen zijn nog wel te betalen.

Galeria da Arcada

Rua D. Pedro V 56, Príncipe Real.
☎ 3468518.
Ma-za 10.00-13.00, 15.00-19.00 uur.

De religieuze kunst in Portugal heeft veel beschilderde houten beelden voortgebracht van heiligen en van Maria met Kind. Deze, in religieuze voorwerpen gespecialiseerde antiquair, verkoopt magnifieke 17de-eeuwse beelden, maar ook kleine beeldjes van de H. Antonius, de H. Vincentius of de H. João. Jammer genoeg zijn alleen de engelen betaalbaar.

Nobre

Rua de S. Bento 224 en 386/388, S. Bento.
☎ 3961227.
Ma-vr 10.00-13.00, 15.00-19.00, za 10.00-13.00 uur.

Droomt u van een oude grammofoon of van een art nouveau-vaas? Hebt u uw zinnen gezet op een lampje van Gallé? Bent u al jaren op zoek naar stoelen of een buffet uit de jaren dertig of veertig? Ga dan eens bij een van deze twee winkels kijken. Misschien vindt u het voorwerp van uw dromen zonder dat u zich in de schulden hoeft te steken.

BOEKEN EN PRENTEN

O Mundo do Livro

Largo da Trindade 11, Chiado.
☎ 3469951, fax 3470804.
Ma-vr 10.00-19.00, za 10.00-13.30 uur

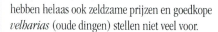

Dit is het beste adres in Lissabon voor alle soorten prenten. Rodrigues Pires is een specialist die men van uit de hele wereld om advies vraagt. Hij is zelfs geridderd door de president van de Italiaanse Republiek. Hij is daardoor echter niet naast zijn schoenen gaan lopen en blijft met dezelfde vriendelijkheid zowel kenner als toerist van advies dienen. Hier vindt u drie verdiepingen met originele prenten uit de 16de, 17de en 18de eeuw over alle denkbare onderwerpen voor zeer uiteenlopende prijzen (van 8000 tot 150.000$). Let vooral eens op de opvallende verzameling geografische kaarten, die enkele

Voor de echte kenners, mensen die een zeldzaam stuk zoeken en bereid zijn daar goed voor te betalen, zijn er verschillende veilinghallen in Lissabon. Enkele weken voor de dag van de veiling kunt u een catalogus kopen. Deze kan per fax of telefoon worden aangevraagd. U kunt de goederen vier of vijf dagen voor de veiling bekijken (sommige hallen blijven tot middernacht geopend). Op de dag van de *leilão* (veiling) moet u vroeg komen, want om de plaatsen op de eerste rij wordt geknokt.

Cabral Moncada Leilões, Rua Miguel Lupi 12 D (S. Bento). ☎ 3954781, fax 3955115. Ma-za 10.00-24.00, zo 15.00-20.00 uur. Soares & Mendonça, Rua Luz Soriano 53-1° (Bairro Alto). ☎ 3421312. Ma-vr 9.00-13.00, 15.00-19.00 uur.

zeer zeldzame exemplaren bevat. U zult hier ook een indrukwekkende hoeveelheid reproducties van prachtige kwaliteit aantreffen, met de hand ingekleurd en voor elk budget (vanaf 2000$).

Livraria Barateira
**Rua Nova de Trindade 16 C, Chiado.
☎ 3426755.**

Livraria Olisipo
**Largo Trindade Coelho 7/8, Chiado.
☎ 3462771.
Ma-vr 10.00-19.00,
za 10.00-13.00 uur.**

Nog twee goede adressen voor prenten en vooral alle soorten oude boeken. Misschien vindt u hier een zeldzame uitgave van uw favoriete schrijver, die prachtig opnieuw is ingebonden, of misschien wel oude tijdschriften met vergeelde foto's. Van alles om

in rond te snuffelen voor niet al te veel geld.

KUNSTGALERIES
Stuart
**Rua Nova do Almada 20-22, Chiado.
☎ 3422131.
Ma-vr 10.00-19.00,
za 11.00-13.00 uur.**

Dit is nu eindelijk eens een galerie waar u iets moois kunt kopen zonder de bank te laten springen. Natuurlijk hangen er ook schilderijen van jonge Portugese kunstenaars en buitenlanders die op het punt staan beroemd te worden en niet echt te geef zijn. U vindt echter ook een interessante serie aquarellen van Lissabon voor betaalbare prijzen (van 12.000 tot 18.000$). Hier kunt u de straatjes en de trams die u niet goed hebt kunnen fotograferen toch nog in huis halen.

VELHARIAS
Feira da Ladra
**Campo de Santa Clara, S. Vicente/Graça.
Di en za.**

Een van de laatste vlooienmarkten van Lissabon en meteen ook de oudste wordt tweemaal per week gehouden rond de stalen hallen van de Campo de Santa Clara. De Feira da Ladra, vaak vertaald als de 'dievenmarkt', is geen verzamelplaats van oneerlijke lieden, maar een zeer gevarieerde rommelmarkt. Het is een soort opslagplaats van allerlei *velharias*. Ga hier ook eens heen om de sfeer te proeven, voor u daadwerkelijk op zoek gaat naar schatten. Er zijn ook enkele permanente verkopers

van bric-á-brac in de hallen van de markt gevestigd.

Mercado de S. Pedro de Sintra
Sintra.

Op het plein van S. Pedro de Sintra wordt elke tweede en vierde zondag van de maand een grote markt gehouden waar kleren, groenten en fruit, maar vooral zeer verschillende *velharias* worden verkocht. U moet goed zoeken zonder de moed op te geven om misschien een echte 16de-eeuwse *azulejo*, een interessant stuk serviesgoed of misschien enkele leuke oude prenten in niet al te slechte staat op te duikelen. Ook als u niets van uw gading vindt, is het leuk om te kijken.

PORTUGESE SPECIALITEITEN

De Portugezen zijn gek op lekker eten en met name dol op toetjes. Ga op zoek naar de vleeswaren uit de Alentejo, de kazen uit de Serra en de vaak verrassend goede regionale wijnen, maar vergeet niet ook even langs de viswinkel te gaan, al was het alleen maar om te kijken.

A Casinha do Pão

Winkelcentrum Amoreiras,
Av. Duarte Pacheco,
Loja 3001,
Amoreiras.
☎ 3858536.
Dag. 10.00-23.00 uur.

Een kleine etalage en een piepkleine toonbank. Het scheelt niet veel of u loopt eraan voorbij, omdat u wordt verblind door de schijnwerpers van Mac Do vlakbij. Let dus goed op, want het zou jammer zijn als u al deze taartjes miste. Voor een zoete onderbreking van uw omzwervingen in het winkelcentrum Amoreiras. Als u voor de verleidelijke etalage staat, weet u niet wat u moet kiezen. Het is een ware ontdekkings-

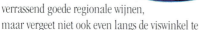

reis door de kunst van het taarten-bakken in Portugal die u daar

krijgt voorgeschoteld. *Bolos de canela* (met kaneel), *pastéis de nata, queijadas* (kaastaartjes) met sinaasappel of citroen, *queques* (cakejes) en ook de befaamde *pão de lo* (een zeer lichte taart). Als u niet kunt kiezen, kunt u een *sortido do dia* (assortiment van de dag) nemen.

Napoleão

Rua dos Franqueiros 70,
Baixa.
☎ 8872042.
Ma-za 9.00-20.00 uur.

Men is het in deze winkel gewend om toeristen te woord te staan. U vindt zonder moeite iemand die u in het Engels of Frans uitlegt wat u altijd al had willen weten over Portugese wijn, maar niet durfde te vragen. De wijnen staan uitgestald per streek en zijn gemakkelijk terug te vinden. Als men u voorstelt een wijn te proeven, aarzel dan niet ja te zeggen, u bent echt niet verplicht deze wijn ook te kopen. Als u besluit uw wijnkelder met een voorraadje van deze wijnen te verrijken, kunt u de flessen thuis laten bezorgen.

O Rei do Bacalhau

Praça da Figueira 2B,
Baixa.
Ma-vr 9.00-19.00,
za 9.00-13.00 uur.

Ongelooflijk, maar waar! Midden in de stad biedt de koning van de kabeljauw u alle variëteiten van deze vis aan in een zeer authentieke winkel. De vislucht is ook echt! Als u erop staat een

bacalhau com natas mee naar huis te nemen, vraag dan om lekker dikke *postas* en verpak ze zorgvuldig in plastic voor de thuisreis.

Martins & Costa
Rua Alexander Herculano 34,
Av. da Liberdade.
☎ 3141617.
Ma-vr 9.00-19.00,
za 9.00-13.00 uur.

Op twee stappen van de Avenida da Liberdade ligt deze delicatessenwinkel die u moet zoeken onder de hoge bomen aan de Rua Herculano. Het assortiment Portugese wijnen, waaronder ook goede Madeira en port, is uitstekend. Misschien komt dat doordat het Instituut voor de Wijn en de Wijnbouw aan de overkant zit. U kunt hier ook uitstekende *queijo da Serra* (schapenkaas) en *presunto pata negra* (rauwe boerenham) kopen.

Celeiro
Rua 1 de Dezembro 65,
Baixa.
☎ 3422463.
Dag. 9.00-19.00 uur.

Als u alleen maar geïnteresseerd bent in biologisch-dynamisch voedsel, bent u hier aan het juiste adres. Hier vindt u alles voor een macrobiotisch dieet. Vezels en granen, soja in alle vormen, medicinale planten en oliën. Alles

is gegarandeerd 100 procent natuurlijk. U kunt de vegetarische specialiteiten proeven als u naar het souterrain afdaalt. In deze kantine-achtige ruimte met een gevarieerde klantenkring worden vruchten- of groentesappen en een ruime keuze aan zeer verantwoorde, maar toch lekkere gerechten geserveerd. Alles voor minder dan 1000$ per persoon.

Loja do Vinho
Praça da República,
Sintra.
Dag. 10.00-21.00 uur.

Als u het Palácio Nacional van Sintra verlaat, trekken de houten latwerken en de bloeiende geraniums (in de zomer) van deze winkel meteen uw aandacht. Zodra u de drempel van deze vinotheek hebt overschreden, zal het u moeilijk vallen deze weer te verlaten zonder van de vele kazen,

die u midden in de ruimte ziet, te hebben geproefd bij een glas wijn uit Colares of Carcavelos (regionale wijnen). Laat u adviseren terwijl u de geuren die in deze winkel hangen, opsnuift (eikenhout, boenwas, wijn, kaas). U gaat vast niet met lege handen de deur uit, maar koopt zeker een paar goede flessen en enkele soorten schapen- of geitenkaas. Het enige nadeel is dat de prijzen wat aan de hoge kant zijn.

MARKTEN EN WINKELCENTRA

Twee heel verschillende aspecten van het winkelen, de traditionele markt en het ultramoderne winkelcentrum, bestaan in Lissabon naast elkaar zonder elkaar te hinderen. De voorliefde van de Portugezen voor de grote winkelcentra die rond de stad als paddestoelen uit de grond lijken te schieten, lijkt het bezoek aan de plaatselijke markt in het geheel niet te doen afnemen.

Mercado de Carcavelos

**Carcavelos, elke do, 9.00-13.00 uur.
Treinen elke 15 min. vanaf Cais do Sodré, richting Oeiras en Cascais.**

Een enorme uitstalling van wonderbaarlijke artikelen. Tussen de gangpaden en de officiële kramen in bieden clandestiene verkopers hun handelswaar op de grond aan: ze slaan, zodra ze een politieagent ontwaren, onmiddellijk op de vlucht. Hier en daar komt men maar langzaam vooruit, want de mensen zijn bij drommen komen opdagen. Verderop worden de trommelvliezen op de proef gesteld: standwerkers staan boven

op hun kraam om schreeuwend klanten te lokken. Kom hierheen om de sfeer te proeven, maar ook om goede zaken te doen: hier vindt u bekende merken, fabriekspartijen waaraan een kleinigheid ontbreekt of partijen die op wonderbaarlijke wijze aan de normale handel zijn ontsnapt (1500 tot 3000$ per kledingstuk). Ook verkoopt men hier serviezen uit Alcobaça voor 1000$ per drie borden en prachtige piqué spreien voor belachelijk lage prijzen.

Mercado da Ribeira
Cais do Sodré.

De markthallen van de stad zijn sinds de jaren dertig onderge-bracht in dit stalen bouwwerk aan de Cais do Sodré om de Praça da Figueira ervan te bevrij-den. Er zijn niet veel grote markten meer over in de hoofdsteden van Europa. Ga hierheen voordat ook de markthallen van Lissabon zijn veranderd in een groot winkelcentrum. Bij de rivier liggen de pakhuizen waar vanaf 1.00 uur 's ochtends de vrachtauto's met groenten en fruit af en aan rijden. Aan de kant van de stad ligt de eigenlijke markt, waar men vroeg moet zijn om maar niets te missen van de koortsachtige activiteit die hier dan heerst.

Mercado Municipal de Campo de Ourique

Rua Padre Francisco, Rua Coelho da Rocha.
Ma-za 7.00-13.00 uur.

Van alle gemeentelijke overdekte markten behoort die van Campo de Ourique tot de drukst bezochte. Hij is nog altijd de ontmoetingsplaats van de mensen in deze wijk. Onder het dak van deze grote hal hebben zich verschillende vakgenootschappen georganiseerd; aan de kant van de Rua Padre Franciso zitten de vishandelaren met hun stallen met verse vis, aan de kant van de Rua Coelho da Rocha hebben de slagers hun winkeltjes ingericht rond de grote hal. In het midden staan de groente- en fruitstallen. Hier verkoopt men natuurlijk uitsluitend groenten van het seizoen, afkomstig uit echte moestuinen, waar het gebruik van kunstmest nog minimaal is (ook al zit er geen biologisch-dynamisch etiket op).

Mercado das Flores

Cais do Sodré.
Ma, wo, vr 19.30-20.15 uur.

Om 19.30 uur staat er een rij voor de grote hekken van de markt en veertig minuten later is alles uitverkocht. Als u van bloemen houdt, moet men de korte tijd die tussen de markt voor de handelaren ('s middags) en de sluitingstijd zit, niet verspillen: de openstelling voor het publiek duurt maar 45 minuten. Dat is

voldoende om te genieten van de geuren en de kleuren van de zeer verse boeketten. Alles wordt bijna voor niets verkocht. Hier kunt u een hele woning in de bloemen zetten voor weinig geld. Ideaal als uw vrachtwagen met draaiende motor klaarstaat. Als dat niet het geval is, kunt u altijd nog van het spektakel genieten.

Centro Comercial Colombo

Av. General Norton de Matos Luz (ten noorden van Lissabon).
Dag. 10.00-24.00 uur.

De laatste van de winkelcentra Portugese stijl (september 1998), Colombo, noemt zich de grootste van Europa. Het behoort tot het belangrijkste nationale distributieconcern van het land (*Sonae*) dat nergens voor terugschrikt: 140.000 m², meer dan 500 winkels. Dat is nog eens concurrentie voor het winkelcentrum Amoreiras, dat tot voor kort het favoriete winkelcentrum was van de inwoners van Lissabon.

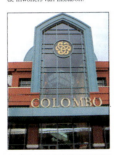

Centro Comercial das Amoreiras

Av. Duarte Pacheco.
☎ 3810200.
Dag. 10.00-23.00 uur.

Sinds september 1998 vragen de torens van Amoreiras vergeefs: 'Spiegeltje, spiegeltje aan de wand, wie is de mooiste in het land?' Steeds weer luidt het antwoord: 'Colombo!' 'Amo', zoals dit winkelcentrum in de volksmond

wordt genoemd, is maar klein vergeleken bij het grote Colombo: slechts 43.000 m², 300 winkels, 47 restaurants en tien bioscopen. Het enige belangrijke voordeel van dit winkelcentrum is zijn bevoorrechte ligging midden in de stad.

Mercado do Peixe

Travessa de S. Miguel, Alfama.
Di-za 9.00-13.00 uur.

Elke ochtend komen de vissers hier hun vis en *mariscos* (schelpen schaaldieren) verkopen in het hart van Alfama. De kramen staan ordelijk naast elkaar. De vismarkt is het trefpunt van de huisvrouwen uit de wijk. Schilderachtig en authentiek.

ALTIJD VOORDELIG: TWEEDEHANDS WINKELS

De mode van de *segunda mão* begint zich in Lissabon te ontwikkelen. Portugal, dat zich relatief laat tot een consumptie-maatschappij ontwikkelde, wilde tot voor kort alleen het nieuwste en het mooiste (liefst buitenlands). Na het toetreden tot de EU is het land welvarender en het gemiddelde bestedingsniveau hoger geworden. Daarmee heeft zich ook de tweedehandshandel ontwikkeld. Hieronder winkels met kwaliteit voor tweedehandsprijzen.

KLEDING

Stockíssimo
Rua Trinidade 28, Chiado.
☎ **3477966.**
Ma-vr 10.00-19.00, za 10.00-14.00 uur.

Deze winkel is zo mooi dat het haast niet te geloven is dat het een tweedehands winkel is. De kleren worden mooi uitgestald en de klanten vriendelijk ontvangen. De prijzen zeggen echter genoeg: lingerie van Warner en andere merken met 40-80 procent korting, dameskleding van Portugese, Italiaanse of Franse merken 50-60 procent goedkoper

dan nieuw (natuurlijk wel de mode van het vorige seizoen, maar men kan niet alles hebben). Op de tussenverdieping ook wat sportieve herenkleding.

Highlight Sports
Av. Duque de Ávila 203 B, Avenidas/Gulbenkian-stichting.
☎ **3570392.**
Ma-vr 10.00-19.00 uur.

Dit is een discrete winkel waar men tweedehands *casuals* van goede kwaliteit verkoopt. Als u houdt van ongedwongen, eenvoudige kleding, zult u hier uw

hart kunnen ophalen, vooral omdat het echt allemaal heel goedkoop is: piqué overhemden met paarlemoeren knopen voor 1000$ en kleurige broeken vanaf 2500$.

Gardénia
Rua Morais Soares 93A, Loja 10, Galerias 80.
☎ **3470611.**
Ma-za 10.00-19.30 uur.

Dit is de tweedehands winkel van het atelier van de Gardénia-ontwerpers. Men vindt hier kleding van opkomende jonge Portugese ontwerpers van Nuno Gama tot

Fátima Lopes, maar ook van andere min of meer bekende namen (meestal minder bekend). Alles is hier in de mode en de kleuren zijn lekker fel en opvallend.

Eldorado

Winkelcentrum Amoreiras, Loja 1030, Av. Duarte Pacheco, Amoreiras.
☎ 3831836.
Ma-zo 11.00-23.00 uur.

Het paradijs van de tweedehands kleding uit de jaren zeventig. Gedetailleerde lijnen, synthetische materialen, broeken met wijde pijpen, plateauzolen, bonte kleuren, psychedelische sieraden. Voor een feestje, waar u op wilt vallen en erg 'in' wilt zijn, kunt u hier zoeken naar een jurk met turquoise pailletten of een fuchsiakleurige boa die uw meisjesachtige teint goed laat uitkomen. Alles bij elkaar bent u slechts 10.000$ kwijt.

Troc em Stock

Av. Guerra Junqueiro 23 B, Avenidas, metro Roma.
☎ 8480065.
Ma-za 10.00-19.00 uur.

Als u goed zoekt in deze *segunda mão* (tweedehands) winkel, lukt het u misschien wel een heel bijzonder jurkje van Calvin Klein te vinden voor 5000$. Concentreer

u echter niet op de laatste nieuwtjes van grote ontwerpers als u uw slag wilt slaan op de tweedehands markt. Hier vindt u een mengelmoes van stijlen die niet altijd even modern zijn. Beperk u tot de *basics*: zijden hemden voor minder dan 3000$. In de zomer vindt u hier mooie badpakken voor maar 1500$. Een man zal hier weinig naar zijn smaak vinden, tenzij hij houdt van streepjesoverhemden (3800$).

Rés-Vés

Rua Ferreira Borges 98 B, Campo de Ourique.
☎ 3852636.

Hier verkoopt men van alles wat en alles door elkaar.

Liefhebbers van het ware snuffelwerk kunnen zich hier wel een poosje vermaken. Wat u ook zoekt, uiteindelijk zult u het nog vinden ook: oude grammofoonplaten, kant van grootmoeders zolder, oude kleren, feestelijke hoeden en allerlei versieringen, maar ook serviesgoed. U kunt het zo gek niet bedenken of hier wordt het verkocht.

WONINGINRICHTING

Troc em Stoc Casa

Rua Tomás da Anunciação 7A, Campo de Ourique.
☎ 3950378.
Ma-za 10.00-19.00 uur.

In theorie kunt u hier uw oude spullen ruilen tegen nieuwe. In de

PLATEN

Oude en nieuwe vinyl platen verkopen en kopen! Ga hier op zoek naar uw lievelings-muziek. U zult zonder twijfel het album uit de jaren zestig of zeventig tegenkomen dat nog aan uw collectie ontbrak. Paulo en Nelson zijn kenners, aarzel niet hen om raad te vrâgen. Het is hun vak muziekavonden te organiseren en voor DJ te spelen, met andere woorden, ze weten een heleboel van muziek.
Records-Danse Music Advisers, Rua Diário de Notícias 69 (Bairro Alto), ☎ 883972, ma-za 14.00-22.00 uur.

praktijk vindt u hier schitterende houten dienbladen en mooie tafeltjes, de gehele collectie stoffen van de Engelse designer Tricia Guild, inclusief haar boeken, en daarnaast een heleboel toch wel interessante meubels. Deze winkel is zeker een bezoek waard.

Uitgaan

Droomt u van een avondje uit? Ga dan naar de opera in het *Teatro S. Carlos* of misschien naar een concert in het *Coliseu*. Mengt u zich liever onder de Portugezen voor een authentieke belevenis? Ga dan naar een *tourada* kijken of zwerf van bar naar bar op een kroegentocht in de straatjes van Bairro Alto. Hebt u gevoel voor nostalgie? Geniet dan met volle teugen van de *saudade* in Alfama of Bairro Alto. Houdt u van trendy gelegenheden? Ontdek dan de wereld van de hypermoderne nachtbrakers aan de *Docas de Alcântara* en de *Avenida 24 de Julho*. Bent u in een romantische stemming? Een diner bij kaarslicht op de Taag is precies iets voor u.

INFORMATIE

De dagbladen *O Público* en *O Diário de Notícias* geven elke dag praktische informatie over de programma's in de theaters en de bioscopen, plus enkele handige telefoonnummers. *O Público* publiceert op vrijdag een speciale uitgave (*Artes & n num*), een mini-tijdschrift waarin de belangrijkste culturele evenementen van de week die volgt gedetailleerd worden beschreven. De *Espresso* (een weekblad dat op zaterdag verschijnt) heeft twee bijlagen, *Cartaz* en *Viva*, die een compleet overzicht geven van en commentaar leveren op de voorstellingen en exposities. Bij het toeristenbureau kunt u gratis de *Agenda Cultural* en *LISBOAem* afhalen, twee gidsen die nauwkeurig vermelden wat er gedurende een maand in Lissabon te doen is (voorstellingen, musea, concerten, bars, restaurants, discotheken, hotels en een selectie van winkels). Van hen is alleen *LISBOAem* tweetalig (Engels en Portugees). Op het vliegveld en in sommige hotels kunt u het tijdschrift *What's on?* vinden. Hierin worden in het Engels per maand alle attracties in Lissabon opgesomd (restaurants, monumenten, winkels, voorstellingen).

WAAR GAAT U UIT?

Lissabon heeft sinds ongeveer drie jaar zijn eigen *movida* Portugese stijl. Ga in het weekeinde maar kijken in een van de twee of drie wijken waar zich het nachtleven afspeelt. In de kleine, steile straatjes van *Bairro Alto* volgen modieuze restaurants, authentieke bistro's, toeristische fadoclubs en trendy discotheken elkaar op. Rond 23.30-24.00 uur trekt een gemengd publiek, voornamelijk jong, de straat op om in kleine groepjes bier te gaan drinken. Enkele meters verderop zitten de *Casas de Fado* afgeladen met toeristen die wachten op de volgende voorstelling. Veel later in de nacht verdringen de jongeren zich voor de deuren van de discotheken. De wijk *Cais do Sodré/Avenida 24 de Julho/As Docas*, waar zich de meeste bars, pubs en discotheken bevinden, is de plaats waar u op vrijdag- of zaterdagavond moet zijn. De sfeer is compleet anders dan in Bairro Alto. In de metalen structuren van de vroegere haveninstallaties zijn bardiscotheken gebouwd die met krankzinnige versieringen de aandacht trekken: van minimalistisch design tot de meest dwaze barok. Hier strijden de uitgaande jongeren met elkaar om wie het meest excentriek gekleed gaat. Daarmee willen ze toegang tot een van de heilige tempels van de techno afdwingen. U hoeft hier niet voor middernacht te komen. In *Baixa* zitten de meeste theaters, maar verwacht in deze wijk niet veel gezelligheid na afloop van de voorstelling (zelfs de restaurants zijn gesloten).

KAARTEN RESERVEREN

Voor het merendeel van de voorstellingen (ook de *touradas*) kunt u plaatsen bespreken in de kiosk op de Praça dos Restauradores (naast de uitgang van de metro). **ABEP**: Praça dos Restauradores, ☎ 475823, dag. 9.00-18.00 uur. Zorg ervoor dat u met gewoon geld kunt betalen. U kunt ook telefonisch reserveren: ☎ 3422682 of ☎ 3854419 (15.00-19.00 uur). In beide gevallen moet u reserveringsgeld betalen. Toch is dit de beste manier, want voor de meeste theaters kunt u niet telefonisch reserveren. In het uiterste geval kunt u zich voor de voorstelling direct wenden tot de kassa van het betreffende theater.

EEN OPPAS VINDEN

U bent vastbesloten om aan de boemel te gaan en van de nachten in Lissabon te genieten. Uw kinderen hebben echter nog niet de geschikte leeftijd om u daarbij te vergezellen. Hier volgen de nummers van twee oppasbureaus die u kunnen helpen dit dilemma op te lossen: **Pedroso & Lino,** ☎ 3970346, of **Intess,** ☎ 882506.

ZOMER-FESTIVALS

Vanaf eind mei worden er allerlei muziekfestivals gehouden, vaak met openluchtconcerten. **Festival van Lissabon**: theatervoorstellingen, openluchtconcerten en vuurwerk van eind mei tot eind juni. **Muziekfestival van Sintra**: van half juni tot half juli worden er klassieke concerten gehouden in de paleizen van de regio's (Palácio Nacional de Sintra, Palácio da Pena, Palácio de Queluz); inlichtingen en reserveringen ☎ 9234845. **Klassiek balletfestival van Sintra**: tijdens de hele maand augustus ontvangt het Palácio de Seteais in Sintra gezelschappen uit de hele wereld. Ook als u niet speciaal van ballet houdt, is het feestelijke decor van het

paleis (tegenwoordig tot een luxehotel verbouwd) best een bezoek waard. Inlichtingen en reserveringen ☎ 9234845. **Openluchtconcerten van de Gulbenkian-stichting**: in de eerste week van augustus organiseert de Gulbenkianstichting vaak jazzconcerten in het auditorium van het Palhava-park; Avenida de Berna 45 A, ☎ 7935131.

LIVE-MUZIEK

In sommige bars en restaurants kunt u het hele jaar door naar live-concerten *(ao vivo)* luisteren. Dat is bijvoorbeeld het geval in de cafetaria van het Cultureel Centrum van Belém, in de *Irish Pub*, in *B. leza* of in restaurants als *Speakeasy, Blues Café, Salsa latina* en nog veel andere (zie blz. 118).

THEATERS, CONCERTEN, OPERA, BALLET

In Lissabon is geen gebrek aan

zalen en theaters en het is tamelijk eenvoudig om op het laatste moment nog aan plaatsen te komen (met uitzondering van de opera's die altijd uitverkocht zijn). Kijk voor klassieke concerten en ballet op het programma van de Gulbenkian-stichting, voor moderne muziek en dans op dat van het Cultureel Centrum van Belém, het Coliseu of Culturgest en voor toneel op dat van S. Carlo of D. Maria.

Gulbenkian-stichting

Av. da Berna 45, metro S. Sebastião of Palhava. ☎ 7935131, loket ☎ 7974167. Ter plaatse res. 13.00-19.00 uur. Prijzen (concerten): van 2000 tot 3000$; ballet: 2000 tot 5000$.

Aanvang voorstelling: 18.30-19.00 of 21.30 uur.

De Gulbenkian-stichting bezit zijn eigen filharmonisch orkest en zijn eigen balletgezelschap, bovendien ontvangt de stichting regelmatig buitenlandse orkesten en gezelschappen. Daarom is het programma van klassieke muziek en ballet een van de indrukwekkendste van Lissabon.

Cultureel centrum van Belém

Praça do Império, tram 15. ☎ 3612400, loket ☎ 3612444.
Dag. res. 13.00-21.30 uur (telefonisch, beh. op dag van de voorstelling).
Prijzen: van 1000 tot 3000$ (concerten), van 2000 tot 5000$ (ballet).
Aanvang voorstelling 21.30 uur (meestal).

Het Cultureel Centrum van Belém (of C.C.B. zoals men in Lissabon zegt) heeft zonder twijfel de meest gevarieerde programmering van de stad. Het brengt toneel, klassieke muziek, jazz en moderne muziek met groepen uit alle landen, zangrecitals, modern ballet en musicals die rechtstreeks uit Broadway komen. Het Portugees symfonieorkest is van april tot juni vaste gast van het Cultureel Centrum met klassieke concerten.

Parque Mayer

Vergis u niet! Het Parque Mayer, gelegen aan een dwarsstraat van de Avenida da Liberdade (de Travessa do Salitre) is alles behalve een park. Eind 19de eeuw liet de industrieel Alfredo Mayer de oude theaters die zich op deze plaats bevonden, opknappen. Hier ontwikkelden zich vervolgens de Portugese *revistas* (revues) volgens het model van de revues die in Parijs zo'n succes waren. Men bezong er de schoonheid van Lissabon en gaf er ongezouten kritiek op de politiek van die tijd. Het Parque Mayer bestaat nog altijd met zijn zeer populaire theaters als het ABC of het Teatro Maria Vitória, waar ook nu nog Portugese *revistas* worden opgevoerd.
Parque Mayer, Travessa do Salitre (metro Avenida). Voorstellingen: za 20.30 en 23.00, zo 16.00 en 21.30 uur. Prijzen: van 1200 tot 3500$.
Teatro ABC: ☎ 3430103.
Teatro Maria Vitória: ☎ 3461740 (reserveren heeft geen zin).

Coliseu dos Recreios

Rua das Portas de Santo Antão 92-104.
☎ 3461997.
Res. dag. 13.00-20.30 uur.

Prijzen: van 2000 tot 8000$.
Aanvang voorstellingen 21.30-22.00 uur.

Dit is *de* zaal in Lissabon als het om popconcerten gaat. Hier treden rondtoerende buitenlandse artiesten en groepen op, zoals Cesária Évora, Gaetano Veloso en Brian Adams. Af en toe ontvangt het Coliseu ook buitenlandse operagezelschappen om eens wat afwisseling in de programmering te brengen.

Teatro São Carlos

Rua Serpa Pinto 9, Chiado.
☎ **3468408.**
Prijzen: 3500 tot 40.000$ (een loge voor 4 personen).
Aanvang voorstellingen: 20.30 uur (zo 16.00 uur).

Dit is de tempel van de opera in Lissabon. Jammer genoeg duurt het seizoen erg kort (van februari tot juni), zijn er maar weinig voorstellingen en zijn de kaartjes

onbetaalbaar. Bovendien kan men alleen kaarten kopen bij de ABEP-kiosk en is het praktisch onmogelijk het theater aan de telefoon te krijgen. Het enige dat overblijft is uw geluk beproeven aan de loketten.

Teatro Nacional Dona Maria II

Praça Dom Pedro IV, Metro Rossio.
☎ **3472246, loket** ☎ **3422210, ma gesl.**
Ter plaatse res. dag. 14.00-21.00 uur.
Prijzen: 1500 tot 3000$.

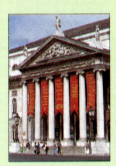

Dit theater ligt op de plaats van het voormalige *palácio* van de inquisiteur-generaal. Tegenwoordig is het een van de grootste theaters van de stad, met klassieke en moderne voorstellingen. Door de week beginnen de voorstellingen om 21.30 uur en op zondag om 16.00 uur.

Culturgest

Rua do Arco Cego.
Metro Campo Pequeno.
☎ **7901065, res.** ☎ **905155.**
Ter plaatse res.: ma-vr 13.00-19.00 uur, telefonisch 48 uur voor aanvang van de voorstelling.
Prijzen: 1200 tot 3000$.

In dit gebouw, dat in 1993 door architect Arsénio Cordeiro is

gebouwd en heel wonderlijk is van vorm en concept, is de *Caixa Geral de Depósito* (Portugese Depositokas) gevestigd. Het is echter ook een cultureel centrum, gespecialiseerd in moderne kunstuitingen, waar exposities en jazzconcerten worden gehouden en films worden vertoond.

Frans-Portugees Instituut

Av. Luís Bivar 91, metro Saldanha.
☎ **3158806.**
Ma-vr 9.30-19.00 uur.

Voor verstokte francofielen organiseert het Frans-Portugees cultureel centrum vertoningen van Franse films, vestzaktheater en concerten.

Praça de Touros

Campo Pequeno.
☎ **7932143.**
Van juni tot de eerste twee weken van oktober.
Prijzen: 1500 tot 9000$.
Aanvang *tourada*: 22.00 uur.

De Portugese *touradas* (stierengevechten) zijn een waar spektakel, dat u niet mag missen. Ze zijn veel minder bloederig dan de Spaanse *corridas* en de dans van de cavaleiros (ruiters) in hun schitterende kostuums is op zichzelf al een bezoek aan de arena waard.

BARS, CAFÉS EN JAZZCLUBS

Om de *movida* van Lissabon volledig te kunnen beleven moet u zonder twijfel in Bairro Alto zijn of in de wijk van de dokken (Cais do Sodré, Docas de Alcântara, Avenida 24 de Julho). In veel bars bestaat de mogelijkheid een hapje te eten en worden aan het eind van de week live-concerten georganiseerd. Laat u om in de stemming te komen eens een 'shot' inschenken, een mix op basis van wodka of een andere sterke drank.

Bairro Alto

Café Targus
Rua Diário de Notícias 40B.
☎ **3476403.**
Dag. 10.00-2.00, zo gesl.

Een van de sympathiekste bars in deze wijk: een fraai design interieur dat niet goedkoop is geweest, exposities van schilderijen van jonge Portugese kunstenaars (als u er een ziet dat u aanspreekt, moet u zich tot de baas wenden, de doeken zijn te koop). Bestel met dichte ogen een van de vele cocktails van de fantasierijke barman, die nooit om invallen verlegen zit. De eigenaar, Hernani, is een opvallende figuur in het nachtleven van Lissabon. Voor 23.00 uur gebeurt hier niet veel.

Work in Progress
Rua da Bica Duarte Belo 47/49 (Elevador da Bica).
☎ **3461486.**
Dag. 12.00-2.00 uur.

Work in Progress (WIP voor intimi) ligt een beetje afzijdig van het klassieke nachtelijke verkeer in Bairro Alto en het is geen doorsnee gelegenheid, omdat het hier tegelijk een bar en een kapper betreft! Van twaalf uur 's middags tot twee uur 's nachts drinkt men hier zwarte koffie aan de bar (*'uma bica, faz favor'*) en vanaf twee uur 's middags kunt u uw haardos aan de kapper toevertrouwen en u een duivelse look laten aanmeten. Als u genoeg hebt van uw saaie haar, probeer dan eens een kleurtje. Succes verzekerd! Gaan uw blues niet over door de blauwe kleur van uw haar? Neem dan een glaasje Blue Marguerita van dezelfde kleur, terwijl u afwacht of de avond zich nog ten goede keert.

Café Geronte
Travessa da Boa Hora 5.
☎ **3468095.**
Zo-vr 13.00-2.00 uur.

Dit is nog eens een leuke boekwinkel. In deze winkel-bar kunt u ook *petiscos* en drankjes krijgen en klinkt en een prettige achtergrondmuziek. Dat alles te midden van oude, stoffige boeken. Bestudeer de planken met aandacht: hier zijn koopjes te krijgen voor slechts 200$. Op maandag en donderdag treden er muziekgroepen op.

Avenida 24 de Julho

Trifasica
Av. 24 de Julho 66.
☎ **3957576.**

Deze bar behoort tot dezelfde keten als de T-Clube in Lissabon en de Algarve van José Manuel Trigo en men ziet er dezelfde onberispelijke, stalen inrichting, het onvermijdelijke biljart en hetzelfde trendy publiek. Hier gaat men heen om een glaasje te drinken in afwachting van het moment waarop de discotheken opengaan. Probeer eens alle soorten bier die op de kaart staan: van 2$50 tot 12$, ze zijn allemaal heel goed! Neem eens een Trappe (van de trappisten), een Blanche de Bruxelles, een Delirium Tremens dat driemaal is gegist of misschien een Bush, dat het hoogste alcoholpercentage heeft.

Cais do Sodré

Hennessy's

Rua do Cais do Sodré 32/38.
☎ 3431064.
Dag. 10.30-11.00, 14.00-2.00 uur (van vr op za 4.00 uur).

Nee, u droomt echt niet, u bevindt zich echt in de winkel van een Ierse kleermaker uit het begin van deze eeuw. Alles is hier gegarandeerd authentiek. De meubels, de lambriseringen en de gaanderijen zijn gedemonteerd en per boot uit Ierland hiernaartoe overgebracht. De oude Singer-naaimachines, de spoelen en de rollen stof lijken te wachten op de hand van een kundige kleermaker. Als u trek krijgt, bestel dan de gerookte zalm (Iers *of course*) of de *irish stew* (Ierse stoofpot): van 1000 tot 2650$ per schotel. Na 23.30 uur worden de luidsprekers opengezet, vergeet het vertrouwelijke gesprek met uw buurman en bestel liever een Guinness of een whisky (Iers vanzelfsprekend) om u er helemaal aan over te geven.

Ogilin's Irish Pub

Rua dos Remolares 8.
☎ 3421899.
Dag. 11.00-2.00 uur.

Dit is de andere Ierse pub in Lissabon. Hier is de sfeer wat gemoedelijker door de afmeting van de ruimte. Een goed adres als u een Ierse brunch u op zondagochtend wel wat lijkt of als u echt pas 's middags bent ontwaakt (de keuken is open van 11.00 tot 17.00 uur). Op vrijdag- en zaterdagavond komt een jazz- of rockband het eind van de avond opluisteren, de rest van de week neemt de eigenaar die taak op zich door aan elke tafel een praatje te maken. Als u toevallig op 17 maart in Lissabon bent, denk er dan aan: het is Saint Patrick's Day en dat wordt in alle Ierse pubs gevierd, ook in Portugal.

Alcântara/Docas

Salsa Latina

Havenstation van Alcântara.
☎ 3950550.
Dag. 12.30-3.00 uur.

Hebt u altijd al de salsa willen leren dansen? Dan moet u hier zijn, bij Salsa Latina. In deze zaak, waar u ook uitstekend kunt eten (zie blz. 76) worden elke vrijdagavond salsacursussen gehouden. Elke dag kunt u een concert bijwonen, dat om 22.00 uur begint en aan het eind van de week treedt er na middernacht zelfs nog een tweede groep op. De inrichting is schitterend en doet denken aan die van een hypermodern passagiersschip dat klaar ligt om weg te varen. Op de dansvloer, die uitziet op de Taag, hebt u trouwens toch al het gevoel dat u zich op zee bevindt.

Speakeasy

Rocha Conde de Óbidos, Cais das Oficinas, Armazém 115.
☎ 3964257.
Dag. 12.00-4.00 uur.

Na 23.00 uur ondergaat de zaal van deze bar annex restaurant een gedaanteverwisseling: dan stromen de muziekliefhebbers toe, want de zaak is beroemd om zijn uitstekende jazzconcerten. De programmering wordt gedaan door een van de vier eigenaren, de trompettist Laurent Filipe. Elke avond treedt er een

topgroep op. Woensdag is de avond van de jamsessies, altijd zeer geslaagde improvisaties.

Rock City

Rua Cintura Porto de Lisboa, Armazém 225.
☎ 3428640.

Houdt u van T-bonesteak, een Amerikaanse sfeer, elektrische gitaren en rockmuziek? Dan houdt u van dit café, waarvan de brochure zegt dat het dé plek is om iets te vieren, of het nu een huwelijk, een jubileum of een scheiding is. Ook als u arriveert voor de aanvang van het concert, brengt de achtergrondmuziek u in de juiste stemming. Als u er iets wilt eten, kunt u bij mooi weer aan een tafeltje langs de Taag gaan zitten in de tropische tuin. Als u echter niets van de voorstelling wilt missen, moet u zich vooraan bij het podium opstellen of op de gaanderij gaan zitten in afwachting van de decibels. In de zomer zijn er maar liefst twee concerten per avond (een in de zaal en een in de openlucht).

Baixa/Avenida da Liberdade

Hot-Club de Portugal

Praça da Alegria 39.
☎ 3467369.
Di-za 20.00-2.00 uur.

In deze mythische kelder waant men zich in Saint-Germain-des-Prés ten tijde van Boris Vian. Dit is een van de beroemdste jazzclubs van Lissabon en zijn roem is niet overdreven. Hij is bedoeld voor de echte liefhebber van goede muziek die niet veel acht slaat op de omgeving. Ga hier van dinsdag tot zaterdag heen, met gesloten ogen, maar de oren wijd open.

Lapa

El Salsero

Rua de Buenos Aires 31B.
☎ 3968017.
Ma-za tot 2.00 uur.

Latijns-Amerika midden in de wijk Lapa! De drankjes zijn hier honderd procent tropisch: tequila, mezcal, rum, Mexicaans bier en exotische vruchtensappen. Ook de hapjes erbij zijn Mexicaans: guacamole en taco's, en de muziek is er natuurlijk *a vontade,* naar believen en in overvloed: salsa, mérengue, rumba en cha-cha-cha.

Clube de Jornalistas

Rua das Trinas 127R/C.
☎ 3977138.
Ma-za 18.00-2.00 uur.

U moet wel durven aanbellen aan de onopvallende deur van dit particuliere huis, waar alleen een vergulde plaquette de aanwezigheid van een openbare ruimte aangeeft. In weerwil van wat de naam doet vermoeden, is het niet uitsluitend een plek waar een select gezelschap bijeenkomt. Toch wekt het interieur de schijn van een privé-club, waar men onder vrienden is: een prachtige parketvloer, oude meubels, kleine salons, biljarts en een mooie tuin met enkele tafels voor de zomeravond. Als u

hier wilt dineren, moet u telefonisch reserveren, want het aantal gasten wordt door de ruimte beperkt. Om iets te drinken is altijd ruimte genoeg.

Alfama

O Salvador

Rua Salvador 53.
☎ 8871970.
Dag. 21.00-2.00 uur.

Wees niet verbaasd als u na enkele glazen bekende deuntjes begint te neuriën en u de blauw-witte muren van deze leuke kleine bar heen en weer ziet zwaaien. Vergis u niet in de *Salvador* (de Verlosser): in deze kelder schenkt men geen miswijn en de cocktails zijn heftig. Elixers als het 'Bloed van Christus' of 'de Maagd Maria' wijzen u wel de weg naar het paradijs, maar de kans is groot dat u de volgende dag wakker wordt met een houten kop.

DISCOTHEKEN

Hier geldt hetzelfde als bij de bars en cafés: de wijken waar u in de vroege uurtjes moet zijn, zijn Bairro Alto en de *Zona Ribeirinha*: de oevers van de rivier (Docas, Avenida 24 de Julho en Cais do Sodré). De discotheken openen hun deuren officieel rond 23.00 uur. U moet entree betalen (tussen 1000 en

10.000$) of anders is consumptie er verplicht (900-5000$). Verwacht niet dat er veel te beleven valt voor 24.00 uur en gedanst wordt er zeker niet voor 1.00 uur 's ochtends. Vergeet niet dat de ware nachtbraker in Lissabon doorgaat tot *pôr-do-sol* (zonsopgang). Houd in ieder geval de middag ervoor een kleine siësta als u hen dat na wilt doen.

Avenida 24 de Julho

Kapital

Avenida 24 de Julho 68.
☎ **3955963.**
Dag. 22.30-4.00 uur.

Een van de beroemdste nachtclubs van Lissabon, te oordelen naar de rijen die er aan het eind van de week voor de deur staan en de teleurgestelde gezichten van hen die het niet lukte binnen te komen. De entreeprijs alleen al (10.000$) zorgt voor een natuurlijke selectie. Het publiek bestaat voornamelijk uit yuppen, die allemaal even trendy zijn; op sommige avonden kunt u er uw favoriete voetballer tegenkomen. De drie verdiepingen hebben allen een sober zwart-wit decor. Op de eerste verdieping is de dansvloer met techno (op woensdag hardrock), op de tweede een bar en op de derde nog een dansvloer met uitzicht op de rivier.

Kremlin
Escadinhas Praia 5.
Wo-za 2.00-7.00 uur.

Dit is zonder twijfel de discotheek met de langste geschiedenis in Lissabon: een voormalig klooster uit het eind van de 18de eeuw, daarna een gevangenis, een badhuis dankzij een bron die in verbinding stond met het *Aquaduto das Águas Livres*, en ten slotte een aerobicszaal. De plek zou zijn aangesloten op een geheim netwerk van tunnels onder de stad. Tegenwoordig komt men hier niet om de kwaliteit van het water, noch om de gewijde sfeer. Kremlin is nu uitsluitend een technotempel.

Plateau
Escadinhas Praia.
☎ **965116.**
Di-za 22.30-6.00 uur.

De Plateau, nog een beroemd adres in de stad, is een lust voor het oog als u houdt van deze barokke stijl van vóór de komst van de 'barbaren': imposante vergulde pilaren, neoklassieke fresco's of met afbeeldingen uit de mythologie. Deze zaak blijft trouw aan zijn

uitgangspunt, er wordt alleen rock gespeeld, en dat heeft ongetwijfeld een trouwe klantenkring opgeleverd. Sommige *caras* (koppen) komen mensen die de programma's op de Portugese televisie kennen, misschien bekend voor.

Alcântara en Docas

Alcântara Mar
Rua da Cozinha Económica 11/5.
☎ **3636432.**
Wo-zo 23.30-6.00 uur.

Doldwaze nachten in een krankzinnig decor! Alle vlinders van de nacht komen hier hun nacht in schoonheid besluiten. Ze zijn er in soorten en maten: travestieten en drag queens, topmodellen en zakenlieden, trendvolgers en boefjes. De sfeer wordt voortdurend op peil gehouden door zeer schaars geklede dansers en danseressen

die zich verleidelijk bewegen rond de pilaren van *talha dourada* (verguld hout). De inrichting is prachtig, postmodern, zo u wilt. Men zou de muziek erbij vergeten.

Naar de Kaapverdische eilanden en Afrika

De liefhebbers van Kaapverdische en Afrikaanse muziek kunnen in Lissabon hun hart ophalen.

B-Leza, Largo do Conde Barão 50, 2°, ☎ 3963735, di-za 23.00-7.00 uur: op de eerste verdieping van een 16de-eeuws *palácio* dat vroeger rijkere feesten heeft gekend, bevindt zich een zaal met een schitterend plafond. Als u het hier een dooie boel vindt, bent u vast en zeker veel te vroeg gekomen. Pas tegen 2.00 uur 's nachts komt het live-concert op gang en zijn de vaste gasten gearriveerd. Pas dan kan het feest losbarsten en ontstaat in de B-Leza de typisch Kaapverdische sfeer waar u voor gekomen bent.

Ritz Club, Rua da Glória 57 (Avenida da Liberdade), ☎ 3425140, di-za 22.30-3.30 uur: in een voormalig cabaret waar nog een ouderwetse sfeer hangt, zit weer zo'n mythische gelegenheid waar Afrikaanse muziek wordt gespeeld. Alles is hier authentiek, hier komen alleen maar kenners.

Nog een adres moet hier voor de echte liefhebbers worden genoemd: het zeer modieuze **Kudissanga**, waar men het wachtwoord moet kennen om binnen te komen (Rua Carlos Reis 51, Avenidas, ☎ 933355, 22.00-4.00 uur).

Dock's Clube

Rua da Cintura do Porto de Lisboa 226.
Rocha Conde de Óbidos.
☎ 3950856.

Als u niet van techno houdt en er meer voor voelt om een avond te dansen op muziek uit de jaren vijftig of te zweven op de tonen van reggae, als u een fan bent van de *sixties* of ervan droomt terug te keren naar de *seventies* van uw jeugd, dan is dit een plek waar u vaker zult terugkeren. De reusachtige

fluwelen canapés en de comfortabele fauteuils nodigen uit om rustig aan uw cocktail te nippen voor u zich op de dansvloer waagt. Verwacht niet een al te diepgaand gesprek met uw vrienden te kunnen voeren, want het volume zal uw pogingen in de kiem smoren.

Benzina

Travessa Teixeira junior 6.
☎ 3633959.
Dag. 24.00-4.00 uur.

Deze kroeg is erg in de mode en schijnt vooral bij kunstenaars in trek te zijn. Van de tussenverdieping kijkt u neer op de mensen op de dansvloer, terwijl u probeert degene met wie u een afspraak had terug te vinden. De muziek is nogal voorspelbaar: alweer techno, behalve op woensdag, de avond voor de *sixties* en *seventies*.

Cais do Sodré

Bar do Rio

Cais do Sodré, Armazém 7.
☎ 3467279.
Dag. 23.00-6.00 uur.

Met de voeten in het water en het hoofd in het decor van een stripverhaal. Dit voormalige pakhuis is prachtig opgeknapt: bloedrode muren, lampen met een agressief geel licht, groene balken en posters met levensgro-te stripfiguren. Onder enorme ventilatoren drinkt u uw gin-cola in een ligstoel terwijl u naar de meisjes kijkt (hier ziet u de mooiste van Lissabon). Vervolgens beweegt u zich op een soort muziek die tegenwoordig erg in is in de hoofdstad. Oordeel zelf maar. Als u deze bar voor middernacht bezoekt, zult u ernstig worden teleurgesteld.

Belém

T-Clube Discoteca

Edifício Espelho d'Água.
Avenida da Brasília.
☎ 3016652.
Dag. 22.00-4.00 uur.

Aan de reputatie van de T-Clube hoeft niets te worden toegevoegd. Het uitstekende restaurant (zie blz. 80) verandert in de kleine uurtjes in een chique discotheek, een ontmoetingsplaats van de plaatselijke jetset. De selectie bij de ingang is meedogenloos. Het is aan te bevelen een stropdas te dragen en een *Gold* of *Premier* creditcard te tonen om de deuren te laten openzwaaien. U hebt het al begrepen; hier hecht men aan stijl en goede smaak. Voor een weinig verrassend avondje uit.

Bairro Alto

Fragil
Rua da Atalaia 126/128.
☎ 346578.
Ma-za 22.30-3.30 uur.

Dit is het domein van *Senhor da Noite*, Manuel Reis, eigenaar van deze bar-discotheek die al tien jaar lang een hoofdrol speelt in het nachtleven van de stad. In een krankzinnig psychedelisch decor, dat om de zes maanden wordt veranderd, drinkt men zittend op een kruk in afwachting van de muziek een *copo*. Wat later, als iedereen binnen is, wordt het vol in de tweede zaal, want de spiegels geven een illusie van ruimte die tegenvalt. De sfeer is trendy en nogal *gay*. Het publiek bestaat uit artiesten, beroemdheden uit de toneelwereld, mannequins en de complete intellectuele elite van de stad.

Três Pastorinhos
Rua da Barroca 111-113.
☎ 3464301.
Di-zo 23.00-4.00 uur.

Volgens de *diehards* van het nachtleven (zij die de hele nacht door van bar naar bar en van fles naar fles trekken), is dit de beste discotheek van Lissabon met de allerbeste muziek dankzij zijn DJ die beroemd is bij de ingewijden. Kort gezegd, ga hierheen als u wilt dansen, dansen en nog eens dansen.

FADO-HUIZEN

Voor de toerist die voor de eerste keer Lissabon bezoekt, is het luisteren naar een fado iets wat bij zijn vakantie hoort. Het probleem is dat alle of bijna alle fadovoorstellingen hopeloos toeristisch zijn. Enkele adressen beloven nog dat ze u de echte *fado vadio* (spontane fado) laten horen, maar niemand kan u de echtheid ervan garanderen, ook de mensen in de wijk zelf niet, die bij hoog en bij laag beweren: *fado vadio morreu há muito tempo!* (de *fado vadio*

De gay scene

Volgens de *Expresso*, een nationaal opinieblad, zou bijna 90 procent van de homoseksuelen in Portugal een dubbel leven leiden: overdag als brave huisvader en 's nachts als niet. In Lissabon bestaat hun nachtelijk universum uit een twintigtal bars en discotheken. De meeste homoseksuelen zijn mannen met een hoger inkomen; ze vormen een aantrekkelijke bron van inkomsten voor de *gay*-zaken die begerig kijken naar de portefeuilles vol *escudos cor de rosa* (letterlijk: roze escudos).

Homo, lesbo of hetero, u bent van harte welkom op de volgende adressen, waar u zich uitstekend zult vermaken. **Trumps**, Rua da Imprensa Nacional 104 B, ☎ 3971059, di-zo 23.00-4.00 uur: sinds meer dan vijftien jaar is dit een van de klassiekers van de *gay* scene, bekend om zijn discotheek en travestieshows. **O Finalmente**, Rua da Palmeira 38, ☎ 3472652, dag. 22.30-4.30 uur: travestieshow om 2.00 uur. **Memorial**, Rua Gustavo Sequeira 42A, ☎ 3966522, de enige kroeg in de stad die alleen voor lesbiennes is. **Kings and Queen's**, Rua da Cintura do Porto de Lisboa, Rocha Conde de Óbidos: een van de nieuwste homobars in Lissabon, de sfeer is uitgesproken *drag queen*.

is al jarenlang morsdood). Waar moet u dan heen? Naar een chique, bekende club of naar een bistro met een familiale sfeer? Dat is een kwestie van smaak. Beslist u zelf maar.

Bairro Alto

A Severa

Rua das Gaveas 51.
☎ 3464006.
Ma-zo 20.00-2.00 uur, do gesl.

De muren van dit nogal deftige fadohuis kunnen de tragische levensgeschiedenis van Maria Severa navertellen. Deze jonge zigeunerin, een uitzonderlijk mooie fadozangeres, was beroemd om haar betoverende stem en de vele harten die zij brak bij hooggeplaatste heren. Haar veelbesproken affaire met de graaf van Vimioso en haar vroege dood op de leeftijd van slechts 26 jaar inspireerden alle dichters van het hof. Haar woonhuis was voorbestemd om het theater van altijd wat melodramatische fadovoorstellingen te worden.

Arcadas do Faia

Rua da Barroca 54-56.
☎ 3426742,
fax 3421923.
Ma-zo 20.00-2.00 uur.

Ook al bent u niet de enige toerist die deze zaak bezoekt, u krijgt waar voor uw geld. De keuken is traditioneel en overvloedig en de zangers en musici van grote klasse. Voor een klassieke avond met een zeer geslaagd melancholiek tintje.

Os Meninos

Rua Diário de Notícias 68.
☎ 3469323.
Dag. 22.00-3.30 uur.

In tegenstelling tot de meeste klassieke fadoclubs is Os Meninos geen restaurant. De inrichting is pretentieloos en deze eenvoud belooft veel goeds. De echte fado-ambiance heeft een wat foxtrotachtige stijl. Het publiek is verre van toeristisch en de sfeer komt op u over als die in uw café op de hoek in eigen land. Deze interessante ervaring wordt er niet minder boeiend op als u de verschillende huisdrankjes proeft met hun veelzeggende namen, zoals *shot de maça* (letterlijk: een 'shot appel') of *moranguinho* (aardbeitje).

Alfama

Parreirinha de Alfama

Beco Espírito Santo 1.
☎ 8868209.
Ma-za 20.00-2.00 uur.

Een van de beroemdste clubs van Lissabon, eigendom van de *fadista* Argentina Santos, hangt vol met foto's van de grootste fado-sterren. Door deze hoge kwaliteit stemmen bent u jammer genoeg zelden alleen, maar meestal in het gezelschap van grote groepen toeristen. Door de week en na het diner hervindt deze zaak zijn authenticiteit.

Lapa

O Sr. Vinho

Rua do Meio á Lapa 18.
☎ 3972681.
Ma-za 20.30-3.30 uur (fado vanaf 22.00 uur).

Ga hierheen voor *fados vadios*

Hier volgen enkele populaire adressen, waar u rond middernacht nog echt de zangers uit de buurt kunt horen. U zult niet altijd even gemakkelijk zitten, maar de wat verlopen sfeer van deze zeer authentieke oorden is wel wat ongemak waard.
Adega do Ribatejo,
Rua Diário de Notícias 23
(Bairro Alto),
☎ 3468343.
A Mascotte da Atalaia,
Rua da Atalaia 13
(Bairro Alto),
☎ 3470408,
ma-za 20.00-3.00 uur.
Solar do Fado,
Calçada da Memória 57 A
(Belém),
☎ 644451 of 3019030.

Dit befaamde adres in Lissabon dankt zijn roem aan de eigenares, Maria da Fé, een groot Portugees zangeres. U moet wel tot het eind van de avond wachten voor u haar kunt horen (niet voor middernacht), maar dat geeft niet, want de andere zangers (Jorge Fernando, Carlos Macedo en Maria Dilar) zijn ook heel goed. Het toeristenmenu voor 7000$ per persoon is duur maar overvloedig en biedt enkele heerlijke specialiteiten, zoals de *bacalhau a Sr. Vinho* en de *cataplana de lotte*.

Oorspronkelijke titel: *Un Grand Week-end à Lisbonne*
© 1998 Oorspronkelijke uitgave: Hachette Livre (Hachette Tourisme)
43, Quai de Grenelle
75905 Paris Cedex 15

© 1998 Nederlandstalige uitgave: Van Reemst Uitgeverij/Unieboek bv
Postbus 97
3990 DB Houten
Standaard Uitgeverij n.v.
Belgiëlei 147A
B-2018 Antwerpen

Auteur: Catherine Tanneau Cremonesi
Met medewerking van: Marie-Caroline Dufayet, Hélène Firquet en Jeannine Goulhot
Illustraties: Monique Prudent

Hebt u goede tips, schrijf dan aan de redactie van Citywijzer-reisgidsen.

Boekverzorging: *de Redactie*, Amsterdam
Vertaling en opmaak: Willemien Werkman
Bewerking: Jérôme Gommers
Druk: GEP, Cremona, Italy
Cartografie: © Hachette Tourisme

ISBN 90 410 2133 7
CIP
NUGI 471
WD 1998/0034/276

Fotoverantwoording

Binnenwerk
Éric Guillot: blz. 3 (b, ml, ro), 11 (lb, mr), 12 (lo, m), 13 (lb), 14 (rb, ml, lo), 15, 16 (rb, mo), 17, 18, 19, 20, 21, 22, 23, 25 (bm, ro), 26 (rb), 28 (b, m, ro), 29, 30, 31 (lb, bm, ro), 32, 33, 34, 35, 36, 37, 38, 39 (bm, mr, ml), 40, 41, 42, 43, 44, 45 (lb, m, ro), 46, 47, 48 (mr, om), 49, 50, 51, 52 (lo), 53 (ml, bm, lo), 54 (ml, m), 55 (m, mr, o), 56, 57, 58, 59, 60, 61 (ml), 62, 63, 65 (mr), 66, 67 (bm, mr, lo, ro), 68, 69 (m, ml, o), 72 (m, mr), 73, 74 (lb), 77 (mr), 78, 79, 80 (ro), 81 (b), 82, 83, 86, 87, 88, 89 (m, mr), 90, 91, 92 (b, mr), 94, 95, 96, 97, 98, 99, 100 (br, mo), 101 (lb), 102, 103 (o), 104 (rb, o), 106, 107, 108, 109, 110 (m, lo), 111 (m), 112 (ml, ro), 113 (ro), 116 (lb, ro), 117, 118, 119, 120, 121, 123, 124 (b)
Christian Sarramon: blz. 2, 3 (mr), 12 (b), 13 (rb, mr, ro), 14 (m), 25 (lo), 48 (ml), 52 (mr), 53 (om), 61 (m), 74 (mo, r), 77 (b), 80 (ml), 111 (mr), 116 (lo)
Jacques Debru: blz. 16 (ml, mr), 17 (lb), 69 (rb), 110 (om), 111 (lb)
Laurent Parrault: blz. 55 (rb), 81 (o), 92 (ro), 93 (lo), 112 (lo), 113 (b, m, ml)
Patrick Sordoillet: blz. 100 (ml), 101 (ro)
Hachette: blz. 10, 11 (m, ro), 24, 31 (mo)
1997-Parque Expo 98 S. A.: blz. 26 (ml, mo, lob), 27
Hémisphères-Stéphane Frances: blz. 64; Bruno Barbier: blz. 65 (lb, o); Pawel Wysocki: blz. 67 (lb)
Acquarela: blz. 28 (o); **A Ginjinha:** blz. 39 (ro); **Pavilhão Cinês:** 54 (o); **Hotel Britânia:** blz. 72 (lo); **As Janelas Verdes:** 75; **Restaurante Comida de Santo:** blz. 77 (o); **Lidija Kolovrat:** blz. 89 (o); **Violeta:** blz. 101 (m); **Pano Branco:** blz. 101 (lo); **Laternautica:** blz. 103 (rb); **Bazar Paraiso:** blz. 103 (ml); **Mar&mar:** blz. 104 (lb); **Manueis:** blz. 105 (b); **Pinto Leite:** blz.105 (lo); **Senhor Vinho:** blz.124 (mo)

Omslag
Éric Guillot: lb, m, mr, lo
Stock Image: o m voorste foto, Anna Rossi bm voorste foto, C. Bouvier mr voorste foto,
Christian Sarramon: rb, ml, ro

Achterzijde omslag
Éric Guillot: rb, lo, m voorste foto; **Christian Sarramon:** ml